北京大學《儒藏》編纂與研究中心　編

《儒藏》精華編選刊

困知記

〔明〕羅欽順　撰
劉美紅　校點

北京大學出版社
PEKING UNIVERSITY PRESS

圖書在版編目 (CIP) 數據

困知記 / (明) 羅欽順撰；北京大學《儒藏》編纂與研究中心編. -- 北京：北京大學出版社，2025. 4. -- (《儒藏》精華編選刊). -- ISBN 978-7-301-36081-1

Ⅰ. B248.54

中國國家版本館 CIP 數據核字第 2025TU0010 號

書　　名	困知記 KUNZHIJI
著作責任者	(明) 羅欽順 撰 劉美紅 校點 北京大學《儒藏》編纂與研究中心 編
策劃統籌	馬辛民
責任編輯	沈瑩瑩
標準書號	ISBN 978-7-301-36081-1
出版發行	北京大學出版社
地　　址	北京市海淀區成府路 205 號　100871
網　　址	http://www.pup.cn　新浪微博：@ 北京大學出版社
電子郵箱	編輯部 dj@pup.cn　總編室 zpup@pup.cn
電　　話	郵購部 010-62752015　發行部 010-62750672 編輯部 010-62756449
印 刷 者	三河市北燕印裝有限公司
經 銷 者	新華書店
	650 毫米 ×980 毫米　16 開本　14.5 印張　165 千字 2025 年 4 月第 1 版　2025 年 4 月第 1 次印刷
定　　價	58.00 元

目録

困知記附録……一四六

校點説明

《困知記》九卷，明代著名理學家羅欽順撰。羅欽順，字允升，號整菴，江西吉州泰和（今江西吉安市泰和縣）人，生於憲宗成化元年（一四六五），卒於世宗嘉靖二十六年（一五四七），贈太子太保，謚文莊。弘治六年（一四九三）進士及第，授翰林編修，後歷任南京國子監司業、吏部左侍郎、南京吏部尚書等職。嘉靖六年，辭禮部尚書、吏部尚書之召，致仕居家，潛心於學。《困知記》即是其窮二十餘年研磨體究之功而成於晚年的重要哲學著作。此外，羅氏還著有《整菴存稿》二十卷、《整菴續稿》十三卷。

羅欽順早嘗遊心於佛，四十歲前後，始慨然有志於儒學，並以衛道爲己任。當是時，程朱理學演變爲僵化的官學，流於支離，日漸式微，而禪學、心學卻蓬勃發展，風靡天下。爲抗辯禪學、心學，捍衛程朱理學的正統地位，羅欽順在批判繼承程朱理學的基礎上，構建出了一套自己的理論系統。《困知記》即羅氏衛道之作，既對程朱理學的内在弊病進行了深入剖析，又對陸王心學及佛氏禪學進行了不遺餘力的批判。

在《困知記》中，羅氏旗幟鮮明地提出了「理氣一物」、「理只是氣之理」的氣本論思想。在此脈絡下，羅氏消解了程朱理學中理與氣、天命之性與氣質之性、道心與人心、天理與人欲等重要問題上的二元分判格局，批評了陸王「心即理」、「良知即天理」的命題以及王陽明釋格物爲格心、致知爲致良知的做法，同時還抨擊了佛氏「明心見性」之説，認爲其錯誤在於「有見於心，無見於性」。羅氏的理氣論促成了明代理學的氣學轉向，對明清學術典範的轉换影響甚深。

根據羅氏最後一個自刻本，《困知記》全稿共六卷。其中，《困知記》上下兩卷，成於嘉靖七年；《困知記續》兩卷，分别完成於嘉靖十年、十二年；《三續》、《四續》各一卷，完成於嘉靖二十五年。另有附録一卷，收入與人論學書信。後世不斷翻刻，又增加了序言、續補、後跋、後語、後序、外編等内容。

《困知記》流傳版本甚多，主要有明嘉靖十六年鄭宗古刻本、隆慶四年周弘祖刻本、萬曆七年刻本、萬曆二十年李楨重校本刻本、天啓三年羅珽仕刻本，清康熙四十七年福州《正誼堂全書》刻本、文淵閣《四庫全書》本、咸豐四年吴榮祖刻本。各本所收卷數、詳略不盡相同。明嘉靖十六年鄭宗古刻本收録上下二卷、續二卷、三續一卷、附録一卷，是現存羅氏生前刻本中較爲完整的本子。明萬曆七年刻本擴增至九卷，萬曆二十年重印時又收入了李楨重校記，該重印本在現存各本中，編目最完備，編排最齊整。明萬曆二十年李楨重校本刻本收録八卷，該本經過反復審閲校訂，刻印精良，與明萬曆七年本文字相差無幾。

考慮到錯字異字總體較少，且所收編目最爲完備和齊整，此次校點以北京大學圖書館藏明萬曆二十年重印之萬曆七年刻本爲底本。校本則選擇嘉靖十六年鄭宗古刻本（簡稱嘉靖本）、明天啓三年羅斑仕刻本（簡稱天啓本）、文淵閣《四庫全書》本（簡稱四庫本），這幾個版本較具代表性且收録内容互爲補充。孫通海、甘祥滿等諸位先生爲本書校點提供了大量幫助，特此致謝。由於水準有限，疏漏訛誤之處在所難免，尚望讀者不吝批評指正。

校點者　劉美紅

重校困知記序

後學慶陽李楨撰

古豳氏曰：夫聖賢之道，如日行天，如水行地。皇以道而皇，帝以道而帝，王以道而王，胥率性行之，以治夫家國天下。用能世躋雍皡悠久之盛，民安物阜，心志醇一，耳目不易。五霸作而帝王之道始假。魏斯、田和篡，而惠、威之儔居然稱王，法制淪夷，帝王之道于是澌滅殆盡。孔孟本身心以彈制作，蕩氛祲，排昏墊，鼎建乾坤，明道之功，上與帝王並。

慨自達磨航泛以來，直指人心，見性爲佛。五傳六傳，宗擘南北。闡釋迦金河秘説，法寶閎輝，盧舍那之形象，遍厥十千世界。訌讀生民，俾髡頂火身，甘荼毒戕賊，不自寧衄。當是時，訓詁詞章之儒，日放心于蒙茸誕蔓之場，熒惑吾道本真。彼禪氏者流，執心説以烜赫天下。苦身修行之士，往往捐軀比肩，日談所謂心，而壑赴之返，駕馭俗儒上，則聖道之弗著弗察，愈離愈遠，無怪也。

二程氏崛起天中，撥翳抑浲。伯子清明純粹，明覺自然，有爲應迹，潛續洙、泗脉絡。叔子從而闡繹之，孔孟之道，劃以昭朗，而伯子學術，亦因以發明。向非正叔氏作，則明覺自然之真傳，適足以齎定慧家之口吻。親炙楊中立輩，先自染迦毗羅氣習，彼隨影逐波者，又何以尤？正叔氏之功，于是爲大。

緊自唐宋大臣，蕭瑀以佛爲聖人。晁文元迥氏嚌色空之胾，而啖其精髓，曉然執鞭，各不失本色實相。張無垢始灑掃中立之門，既竊宗杲冥語，而委身皈依，情狀無甚回互。陸子靜則儒其身而禪其心，大漏明心機緘，而受用在此。其徒楊簡氏，又縱橫宣暢妙義，執爲吾道正考。考所行事，猶云踐履氣節，苦行頭佗，眇能睎驥之乘。嗟嗟！此尚可論其世學術日下，人心彌巧，何近世儒者之紛綸錯沓，黔質而豹文也。吾嘗禪之矣，彼且粗無煉魔戒行，彼且精無上乘圓覺，法嗣且嫌與儷。吾將儒之，彼且鼓簧聽聞，彼且螟螽根氣，秖竊據三藐三菩提之咳唾，高自推托，擅置椎鑿。鑿真元竅，掉臂先儒，上秤量大聖大賢。屢變其説以求勝，初乏蒙養長育之功。其雄心功利，決眥詞章，❶創開寶宇，招致牽引。間多美質善行士，勾攝畛畦内，一咀吹片滓，嗜啖過如膏粱，方厭飫調劑，興飽德之歌。猖徉驕泰，呂嬴孔孟之潰，牛馬周程之派，六經束爲糠秕物，而凌轢聞達，睥睨人世。嗟嗟！不有真儒，安明正學！

整菴羅允升氏奮起南服，以自得者筆爲《困知記》一書。涵濡道術，咀嚼正味，精剖似是之非，躬衛箕裘之業。古人所謂「回白日于既西，障狂瀾于將東」，厥功于是爲大。愚故曰：「今之允升氏，今之程叔子也。」獨其闇然自脩，謝絶門徒，恥靦顔角尺寸几席之講，既寡其儔。世之喜新奇捷徑，而忘精實切近，甚有疾其説之勃勃害己也，多閣置沉匿，用殄厥世。愚爲此懼，恐久而失傳，無可爲吾道券。暇日繙閲校訂，不厭三復。俟知道君子，力爲之表章流布，的示正鵠來學，庶吾道幸矣。嗟嗟！兹豈得已也夫！

萬曆貳拾年壬辰春正月上元日。

---

❶「眥」，原作「呰」，據文義改。

重刻困知記序

後學澄海唐伯元撰

「一陰一陽之謂道」，中而已矣。是道也，在天爲命，在人爲性。以其循環無端，謂之易。以其實有是理，謂之誠。以其渾然無私，謂之仁。以其至極而不可加，謂之太極。以其純粹以精，謂之至善。又以其理出乎天也，謂之天理。人有是心，即有是理，故曰「人心惟危，道心惟微」，「惟皇降衷，若有恒性」。人心之必有道心，恒性之即爲降衷，天生蒸民，不可易已。衷者，中也。道，中而已矣，故曰「允執其中」。是故，其要則在脩身，其物則在典禮，故曰「敬脩可願」，曰「慎厥身脩」。而曰「慎徽」，曰「敦庸」，皆其物也，故曰「人受天地之中以生，所謂命也。是以有動作威儀之則，以定命也」。古先聖人既皆以此遞相傳授，迨其既往則載其教在《詩》、《書》，使凡生于中國之人，共聞共覩，相與共執此中。而聖人猶且皇皇乎，懼其中之難執也。稽衆舍己，好問用中，若將墜失，而無稽之言、弗詢之謀則切切以「勿聽」、「勿庸」爲戒。嗚呼！是何聖人執中之難也！何聖人之心凜乎不敢自聖也！雖然，此盡性之學也。盡性之學，聖人必有事焉，而終不敢以語乎人，筆于書，曰「吾以盡性也」，何也？微乎其言之也，其可言者自有在也。

周衰學廢，孔孟憂之。性命之旨，非中人以上則不道，而頻頻于《詩》、《書》、《禮》、《樂》之訓，猶恐未足以防好異者之趨也。于是乎示以養之之法，于是乎廣以推之之方，于是乎迪以爲之之序。其見于《魯論》所記及曾、思、孟之書特詳，使知爲圓則必以規，爲方則必以矩。規矩設，而智愚、賢不肖莫之敢違焉，故曰「能與人規矩，不能使人巧」，又曰「大匠不爲拙工改廢繩墨」，若是乎其嚴之至也。然又恐不得其要也，則又揭之曰「自天子至庶人，壹是皆以脩身爲本」，而曰「此謂知本」；曰「殀壽不貳，脩身以竢之」，而曰「所以立命」。嗚呼！學而知本、立命焉，約矣。

秦漢以後，世教絶而大學乖，然而董、韓得以翼其緒，周、程得以續其微，則以其規矩之説具在，而其教易明也。程門高弟，寖失其真。考亭氏出，始收拾遺書，表章程子，以接于孟氏。其所爲訓，如格物、戒慎諸解，雖未必一一盡合聖人，獨其心性之辯，則詭于經者甚少。至于從入規矩，尤必詳乎其言，使的的乎可循而據，則考亭氏之功于吾道偉矣。

世之儒者，乃曰「心即性也」，「心即聖也」，「《詩》、《書》障也」，「聞見外也」。嗚呼！果孰爲而傳之耶？果何稽之言而可聽耶？夫知本立命，于學者則誠要矣，不傳者非一日矣。誠其規矩在也，其失未遠也，其要可求而知也。今也必去而《詩》、《書》，屏而聞見，以求其所謂心。自奇自聖，古先聖人之所皇皇切切若不能當者，今皆一語可了也，一蹴可爲也。其流不至于弄精神，滅性真，毁覆禮教，淪人夷狄禽獸而不已。幸而其説未果行耳。

夫心性不明，若爲稍迂，而其流乃禍道。規矩苟存，雖難語要，而其失終不遠。嗚呼！此整菴先生之《困知記》所以不可無于今日也。《記》凡五續，乃先生所手編，刻而傳者，吴、越、楚、廣之間皆有之。而今承郡伯姑蘇張公之命，刻付家藏。輒妄意又增一卷，蓋欲備先生言行之概，以示後人。若曰讀其書不知其人，可乎？嗚呼！論先生之所至，吾以待後之君子也。合而觀之，規矩之遺意存焉，即程朱復起，吾知其不能已于傳矣。

萬曆七年己卯歲夏六月之吉。

困知記序

《困知記》四卷，泰和羅整菴先生述其所自得者也。述者何？衛道也。何道？曰聖人之道也。道自聖人爲之乎？曰否。聖同天，天之道，聖人形之爾。夫聖混於物，而其心體天下之物，故能準乎天而物我無間，理融在中，時而出之，不假思惟，從容中道，蓋非盡性者不能。而舉其大要，則「誠」、「明」二字盡之矣。孔子曰：「吾道一以貫之。」一者，誠之本體，至大而無不包；貫者，明之妙用，至精而無不當，聖人之能事也。以聖人之事責人，固卒遽而無漸，而工夫次第亦未有舍誠能立而徒恃意智以爲明者。蓋自小學，孝弟謹信，《詩》、《書》、六藝之教，固以培養此誠，而以漸開發其聰明矣。及入大學，則又因其所明而廣之以格致，因其所養而進之以誠正，使之益懋德業而極乎事理之詳，以盡成己成物之功焉。是則明以誠致，誠以明達，雖若二事，原無間隙。非謂舍其本原而馳騖乎外，亦非專守其靈覺之體，不假問學而能瞭然於幾微得失之際也。俗學出入口耳，固無足稱。而釋氏明心見性之説，凌空駕虚，曠然遠悟，有似吾道之一，而其猖狂自恣，茫乎無以爲貫，則與堯舜以來精一用中之説正相反。守之不足以自善，充之不足以成天下之務。蓋不特用處謬戾，而其體固似是而非者也。

整菴先生慨然以衛道爲己任，爰述是編，根據往言，意皆獨得。於凡理氣之微，心性之辨，聖學之旨要，治道之機栝，神化之妙用，言之皆親切有味。而於禪學，尤極探討以發其所以不同之故。自唐以來，排斥佛氏未有若是其明且悉者，衛道於是乎有功矣！夫吾儒之道，體用皆實，學成則動罔不善。彼釋氏者，學之而成，特枯槁自私之士。間能善厥用者，亦吾道之緒餘也。顧乃因似亂真，豈不悲哉！

先生字允升，整菴其别號。官至冢宰，家居泊然，鋭意謍道，老而不倦。盖涵養純至，故心體融徹而群言莫能掩也。《記》成，既自爲序，謂芳嘗備屬員，寓書委綴簡末。顧寡陋，深慚蠡測，展玩彌日，粗若有契，爰不自揣，僭爲之辭。

嘉靖癸巳秋八月壬申賜進士出身嘉議大夫奉勑總提督倉場户部右侍郎前南京兵部右侍郎瓊海黄芳撰。

羅整菴先生困知記序

整菴羅先生既辭吏部之命，家居杜門，著書明道。予往得其《困知記》若干卷，刻之嶺南，忽遷官去，未及叙也。兹又得其續記若干卷，乃合而序之。曰：

自古聖賢之言學也，咸以躬行實踐爲先，識見言論次之。故傅説告高宗曰：「非知之艱，行之惟艱。」子貢問君子。子曰：「先行其言，而後從之。」聖賢之重行也如此，故世之論人物者，亦惟即其行履之優劣而爲評品之高下，智識文辭弗與焉。今世君子，則爲智識文辭是尚，而行實不論矣。故聽其言若伊、周、孔、孟復出，考其實則市人不如。憂世君子，未嘗不於是三致歎焉。

予觀先生，自發身詞林以至八座，其行己居官，如精金美玉，人無得疵。及退居，即杜門惟以著書明道爲事，本分之外，一無所預。家人子弟，守其家法欽欽，一步不敢肆，其居家又如此。且觀其辭吏部一節，真有鳳翔千仞之意，雖孟子之辭萬鍾何過焉？可謂躬行君子矣。視夫世之高論闊談者，曰「我孔孟，我孔孟」，周、程、張、朱要不屑爲，爲聲利束縛不能去，賢不肖何如也？噫，當今人物，舍先生吾誰與歸？百世之下，使本朝史册燁然有光如先生者，得幾人哉，得幾人哉！是《記》所言，咸於斯道有所發明，乃若距詖放淫，其志盖尤拳拳焉。孟子曰：「冉牛、閔子、顔淵善言德行。」解者曰：「身有之，故言之親切而有味。」若先生者，不謂善言乎！

嘉靖乙未孟冬朔旦後學同安林希元書于二衢舟中。

潮州府刻困知記序

京師多談道之書，予所得凡十餘種，然皆一再閱，置之不復記憶。晚得此編，手之不忍釋，坐卧必觀，出則携之。予俗吏也，學未有聞，安能别諸書優劣同異？乃於其中漫有去取，殊不自知其何心，豈所謂秉彜之好耶？

及來潮，即欲板行之。又思翁此編出已十年矣，必有續記，將遣人致書翁所求之。書未發，適潮之貳守晴川劉子來莅任。劉子，翁同邑姻黨也。因詢其書，劉子出諸袖中以授予。予得之，不啻拱璧，讀之數日夜，遂併刻之以傳。

嗚呼！三代而上學出於一，三代而下異説乃興，然隨興而輒息者，以有孔孟而下群聖賢之迭出也。今去周、程、張、朱數子既遠，士有異學無足怪者，雖經傳炳炳，彼且侮之以文其説，又奚啻糟粕之而已。嗚呼！不有君子，其何能息？是編既布，天下之士同予之好者當亦不少，其尚相與及翁門而質諸？刻成書此，用述予刻行私意。

嘉靖十六年春三月一日知潮州府事晚生鄭宗古序。

困知記序

余才微而質魯，志復凡近，早嘗從事章句，不過爲利禄謀爾。年幾四十，始慨然有志於道，雖已晚，然自謂苟能粗見大意，亦庶幾無負此生。而官守拘牽，加之多病，工夫難得專一。間嘗若有所見矣，既旬月，或踰時，又疑而未定。如此者蓋二十餘年，其於鑽研體究之功，亦可謂盡心焉耳矣。

近年以來，乃爲有以自信。所以自信者何？蓋此理之在心目間，由本而之末，萬象紛紜而不亂；自末而歸本，一真湛寂而無餘。惟其無餘，是以至約，乃知聖經所謂「道心惟微」者，其本體誠如是也。故人心道心之辨明，然後大本可得而立。大本誠立，醻酢固當沛然，是之謂「易簡而天下之理得」。

山林暮景，獨學無朋，雖自信則爾，非有異同之論，何由究極其歸趣乎？每遇病體稍適，有所尋繹，輒書而記之，少或數十言，多或數百言。既無倫序，且乏文采，間有常談俗語，亦不復刊削，蓋初非有意於爲文也。積久成帙，置之座間，時一披閲，以求其所未至。同志之士有過我者，則出而講之，不有益於彼，未必無益於我也。雖然，《書》不云乎，「非知之艱，行之惟艱」，三復斯言，愧懼交集。《記》分爲上下兩卷，通百有五十六章，名以「困知」，著其實爾。

嘉靖七年歲次戊子十有一月己亥朔日南至泰和羅欽順序。

困知記卷上

凡八十一章

孔子教人，莫非存心養性之事，然未嘗明言之也，孟子則明言之矣。夫心者，人之神明；性者，人之生理。理之所在謂之心，心之所有謂之性，不可混而爲一也。《虞書》曰：「人心惟危，道心惟微。」《論語》曰：「從心所欲不踰矩。」又曰：「其心三月不違仁。」《孟子》曰：❶「君子所性，仁義禮智根於心。」此心性之辨也。二者初不相離，而實不容相混。精之又精，乃見其真。其或認心以爲性，真所謂差毫釐而謬千里者矣。

《繫辭傳》曰：「無有遠近幽深，遂知來物。非天下之至精，其孰能與於此？」「通其變，遂成天地之文；極其數，遂定天下之象。非天下之至變，其孰能與於此？」「寂然不動，感而遂通天下之故。非天下之至神，其孰能與於此？夫《易》，聖人之所以極深而研幾也。」易道則然，即天道也。其在人也，容

❶「孟子」，原作「乃子」，據嘉靖本、四庫本改。

有二乎？是故至精者性也，至變者情也，至神者心也。所貴乎存心者，固將極其深，研其幾，以無失乎性情之正也。若徒有見乎至神者，遂以爲道在是矣，而深之不能極，而幾之不能研，顧欲通天下之志，成天下之務，有是理哉？

道心，「寂然不動」者也，至精之體不可見，故微。人心，「感而遂通」者也，至變之用不可測，故危。道心，性也。人心，情也。心一也，而兩言之者，動静之分，體用之別也。凡静以制動則吉，動而迷復則凶。「惟精」，所以審其幾也；「惟一」，所以存其誠也。「允執厥中」，「從心所欲不踰矩」也，聖神之能事也。

釋氏之「明心見性」與吾儒之「盡心知性」，相似而實不同。蓋虚靈知覺，心之妙也；精微純一，性之真也。釋氏之學，大抵有見於心，無見於性。故其爲教，始則欲人盡離諸相，而求其所謂空，空即虚也。既則欲其即相、即空，而契其所謂覺，即知覺也。覺性既得，則空相洞徹，神用無方，神即靈也。凡釋氏之言性，窮其本末，要不出此三者。然此三者皆心之妙，而豈性之謂哉！使其據所見之及，復能向上尋之，「帝降之衷」亦庶乎其可識矣。顧自以爲「無上妙道」，曾不知其終身尚有尋不到處，乃敢遂駕其説，以誤天下後世之人。至於廢棄人倫，滅絶天理，其貽禍之酷，可勝道哉！夫攻異端，闢邪説，孔氏之家法也。或乃陽離陰合，貌詆心從，以熒惑多士，號爲孔氏之徒，誰則信之？

盈天地之間者惟萬物，人固萬物中一物爾。「乾道變化，各正性命」，人猶物也，我猶人也，其理容有二哉？然形質既具，則其分不能不殊。分殊，故各私其身；理一，故皆備於我。夫人心虚靈之體，本無不該，惟其蔽於有我之私，是以明於近而暗於遠，見其小而遺其大。凡其所遺所暗，皆不誠之本也。然則知有未至，欲意之誠，其可得乎？故《大學》之教，必始於格物，所以開其蔽也。格物之訓，如程子九條，往往互相發明。其言譬如千蹊萬徑，皆可以適國，但得一道而入，則可以推類而通其餘。爲人之意，尤爲深切。而今之學者，動以不能盡格天下之物爲疑，是豈常一日實用其工？徒自誣耳。且如《論語》「川上」之歎，《中庸》「鳶飛魚躍」之旨，《孟子》「犬牛人性」之辨，莫非物也，於此精思而有得焉，則凡備於我者，有不可得而盡通乎？又如《中庸》言：「大哉，聖人之道！洋洋乎！發育萬物，峻極于天。優優大哉！禮儀三百，威儀三千。待其人而後行。」夫「三百」、「三千」，莫非人事，聖人之道，固於是乎在矣。至於「發育萬物」，自是造化之功用，而以之言聖人之道，何耶？其人又若何而行之耶？於此精思而有得焉，天人物我，内外本末，幽明之故，死生之説，鬼神之情狀，皆當一以貫之而無遺矣。然則所謂萬物者，果性外之物也耶？

「格物莫若察之於身，其得之尤切。」程子有是言矣。至其答門人之問，則又以爲「求之情性，固切於身，然一草一木亦皆有理，不可不察」。蓋方是時，禪學盛行，學者往往溺於明心見性之説。其於天地萬物之理，不復置思，故常陷於一偏，蔽於一己，而終不可與入堯舜之道。二程切有憂之，於是表章《大學》之書，發明格物之旨，欲令學者物我兼照，内外俱融，彼此交盡，正所以深救其失而納之於大中。良工苦心，知之者誠亦鮮矣。夫此理之在天下，由一以之萬，初匪安排之力；會萬而歸一，豈容牽合之私？是故察之於身，宜莫先於性情，即有見焉，推之於物而不通，非至理也。察之於物，固無分於鳥獸草木，即有見焉，反之於心而不合，非至理也。必灼然有見乎一致之妙，了無彼此之殊，而其分之殊者自森然其不可亂，斯爲格致之極功。然非真積力久，何以及此？

「幽明之故」，「死生之説」，「鬼神之情狀」，未有物格知至而不能通乎此者也。佛氏以山河大地爲幻，以生死爲輪迴，以天堂地獄爲報應，是其知之所未徹者亦多矣，安在其爲見性？世顧有尊用「格此物」、「致此知」之緒論以陰售其明心之説者，是成何等見識耶？佛氏之幸，吾聖門之不幸也。

此理誠至易，誠至簡。然「易簡而天下之理得」，乃成德之事。若夫學者之事，則博學、審問、慎思、明辨、篤行，廢一不可。循此五者以進，所以求至於易簡也。苟厭夫問學之煩，而欲徑達於易簡之域，是豈所謂易簡者哉！大抵好高欲速，學者之通患。爲此説者，適有以投其所好，中其所欲，人之靡然從之，無怪乎其然也。然其爲斯道之害甚矣，可懼也夫！

「格」字，古註或訓爲「至」，如「格于上下」之類；或訓爲「正」，如「格其非心」之類。「格物」之「格」，二程皆以「至」字訓之，因文生義，惟其當而已矣。吕東萊釋「天壽平格」之「格」，又以爲「通徹三極而無間」。愚按「通徹無間」亦「至」字之義，然比之「至」字，其意味尤爲明白而深長。試以訓「格於上下」，曰「通徹上下而無間」，其孰曰不然？「格物」之「格」，正是「通徹無間」之意，蓋工夫至到，則通徹無間，物即我，我即物，渾然一致，雖合字亦不必用矣。

自夫子贊《易》，始以窮理爲言。理果何物也哉？蓋通天地，亘古今，無非一氣而已。氣本一也，而一動一静，一往一來，一闔一闢，一升一降，循環無已。積微而著，由著復微，爲四時之温凉寒暑，爲萬物之生長收藏，爲斯民之日用彝倫，爲人事之成敗得失。千條萬緒，紛紜膠轕而卒不可亂，有莫知其所以然而然，是即所謂理也。初非別有一物，依於氣而立，附於氣以行也。或者因「易有太極」一言，乃疑陰陽之變易，類有一物主宰乎其間者，是不然。夫易乃兩儀、四象、八卦之總名，太極則衆理之總名也。云「易有太極」，明萬殊之原於一本也，因而推其生生之序，明一本之散爲萬殊也。斯固自然之機，不宰之宰，夫豈可以形迹求哉？斯義也，惟程伯子言之最精，叔子與朱子似乎小有未合。今其説具在，必求所以歸于至一，斯可矣。程伯子嘗歷舉《繫辭》「形而上者謂之道，形而下者謂之器」，「立天之道曰陰與陽，立地之道曰柔與剛，立人之道曰仁與義」，「一陰一陽之謂道」數語，乃從而申之曰：「陰陽亦形而下者也，而曰道者，惟此語截得上下最分明。元來只此是道，要在人默而識之也。」學者試以此言潛玩精思，久久自當有見。所謂叔子小有未合者，劉元承記其語有云：「所以陰陽者道。」又云：「所以闔闢者道。」竊詳「所以」二字，固指言形而上者，然未免微有二物之嫌。以伯子「元來只此是道」之語觀之，自見渾然之妙，似不須更着「所以」字也。所謂朱子小有未合者，蓋其言有云：「理與氣決是二物。」又云：「氣强理弱。」又云：「若無此氣，則此理如何頓放？」似此類頗多。惟《答柯國材》一書有云：「一陰一陽，往來不息，即是道之全體。」此語最爲直截，深有合於程伯子之言，然不多見，不知竟以何者爲定論也。

朱子年十五六，即有志於道，求之釋氏者幾十年。及年二十有四，始得延平李先生而師事之，於是大悟禪學之非而盡棄其舊習。延平既卒，又得南軒張子而定交焉，誠有麗澤之益者也。延平嘗與其友羅博文書云：「元晦初從謙開善處下工夫來，故皆就裏面體認。今既論難，見儒者路脉，極能指其差誤之處。自見羅先生來，未見有如此者。」又云：「此子别無他事，一味潛心於此，今漸能融釋，於日用處一意下工夫。若於此漸熟，則體用合矣。」觀乎此書，可以見朱子入道端的。其與南軒往復論辨，書尺不勝其多。觀其論中和最後一書，發明心學之妙，殆無餘藴，又可見其所造之深也。誠明兩進，著述亦富。當時從游之士、後世私淑之徒累百千人，未必皆在今人之下，然莫不心悦而誠服之，是豈可以聲音笑貌爲哉！今之學者，概未嘗深考其本末，但粗讀陸象山遺書數過，輒隨聲逐響，横加詆訾，徒自見其陋也已矣，於朱子乎何傷！

謙開善，當是高僧，然未及考。

自昔有志於道學者，罔不尊信程、朱，近時以道學鳴者，則泰然自處於程、朱之上矣。然考其所得，乃程、朱早嘗學焉而竟棄之者也。夫勤一生以求道，乃拾先賢所棄以自珍，反從而議其後，不亦誤耶？雖然，程、朱之學可謂至矣，然其心則固未嘗自以爲至也。何以明之？程叔子《易傳》已成，學者莫得傳授，或以爲請，則曰：「自量精力未衰，尚覬有少進爾。」朱子年垂七十，有「於上面猶隔一膜」之歎，蓋誠有見乎義理之無窮，於心容有所未慊者，非謙辭也。愚嘗徧取程、朱之書，潛玩精思，反覆不置，惟於伯子之説，了無所疑。叔子與朱子論著、答問，不爲不多，往往窮深極微，兩端皆竭，所可疑者，獨未見其定於一爾，豈其所謂「猶隔一膜」者乎？夫因其言而求其所未一，非篤於尊信者不能，此愚所以盡心焉而不敢忽也。

六經之中言心自帝舜始，言性自成湯始。舜之四言未嘗及性，性固在其中矣。至湯始明言之曰：「惟皇上帝，降衷于下民，若有恒性，克綏厥猷，惟后。」孔子言之加詳，曰：「一陰一陽之謂道，繼之者善也，成之者性也。仁者見之謂之仁，知者見之謂之知，百姓日用而不知，故君子之道鮮矣。」又曰：「性相近。」子思述之，則曰：「天命之謂性，率性之謂道。」孟子祖之，則曰：「性善。」凡古聖賢之言性，不過如此。自告子而下，初無灼然之見，類皆想像以爲言。其言益多，其合於聖賢者殊寡，卒未有能定於一者。及宋，程、張、朱子出，始別白而言之，孰爲天命之性，孰爲氣質之性，參之孔孟，驗之人情，其説於是乎大備矣。然一性而兩名，雖曰二之則不是，而一之又未能也。學者之惑，終莫之解，則紛紛之論，至今不絶於天下，亦奚怪哉！愚嘗寤寐以求之，沉潛以體之，積以歲年，一旦恍然，似有以洞見其本末者。竊以性命之妙，無出「理一分殊」四字，簡而盡，約而無所不通，初不假於牽合安排，自確乎其不可易也。蓋人物之生，受氣之初，其理惟一，成形之後，其分則殊。其分之殊，莫非自然之理；其理之一，常在分殊之中。此所以爲性命之妙也。語其一，故人皆可以爲堯舜；語其殊，故上智與下愚不移。聖人復起，其必有取於吾言矣。

所謂「約而無所不通」者，請以從古以來凡言性者明之。「若有恒性」，理之一也；「克綏厥猷」，則分之殊者隱然寓乎其間。「成之者性」，理之一也；「仁者」、「知者」、「百姓」也、「相近」也者，分之殊也。「天命之謂性」，理之一也；「率性之謂道」，分之殊也。此別有説在後。「性善」，理之一也，而其言未及乎分殊。「有性善，有性不善」，分之殊也，而其言未及乎理一。程、張本思、孟以言性，既專主乎理，復推氣質之説，則分之殊者誠亦盡之。但曰「天命之性」，固已就氣質而言之矣，曰「氣質之性」，性非天命之謂乎？一性而兩名，且以「氣質」與「天命」對言，語終未瑩。朱子尤恐人之視爲二物也，乃曰：「氣質之性即太極全體墮在氣質之中。」夫既以「墮」言，理氣不容無罅縫矣。惟以理一分殊蔽之，自無往而不通，而所謂「天下無性外之物」，豈不亶其然乎？

至理之源，不出乎動静兩端而已。静則一，動則萬殊，在天在人一也。《樂記》曰：「人生而静，天之性也。感於物而動，性之欲也。」《中庸》曰：「喜怒哀樂之未發，謂之中；發而皆中節，謂之和。」此理之在人也，不於動静求之，將何從而有見哉！然静無形而動有象，有象者易識，無形者難明。所貴乎窮理者，正欲明其所難明爾。夫「未發之中」，即「帝降之衷」，即「所受天地之中以生」者，夫安有不善哉！惟是喜怒哀樂之發，未必皆中乎節，此善惡之所以分也。節也者，理一之在分殊中也。中節，即無失乎天命之本然，何善如之！或過焉，或不及焉，猶有所謂善者存焉，未可遽謂之惡也。必反之，然後爲惡。反之云者，好人之所惡，惡人之所好也。所以善惡之相去，或相倍蓰，或相十百，或相千萬，兹不謂之萬殊而何？然欲動情勝，雖或流而忘反，而中之本體固自若也，初未始須臾離也。不明乎此，而曰「我知性」，非妄歟？

《樂記》所言「欲」與「好惡」，與《中庸》「喜怒哀樂」同謂之七情，其理皆根於性者也。七情之中，欲較重。蓋惟天生民有欲，順之則喜，逆之則怒，得之則樂，失之則哀，故《樂記》獨以「性之欲」爲言。欲未可謂之惡，其爲善爲惡，係於有節與無節爾。

天人一理，而其分不同。「人生而静」，此理固在於人，分則屬乎天也。「感物而動」，此理固出乎天，分則屬乎人矣。君子必慎其獨，其以此夫。

「理一分殊」四字，本程子論《西銘》之言。其言至簡，而推之天下之理，無所不盡。在天固然，在人亦然，在物亦然；在一身則然，在一家亦然，在天下亦然；在一歲則然，在一日亦然，在萬古亦然。持此以論性，自不須立「天命」、「氣質」之兩名，粲然其如視諸掌矣。但伊川既有此言，又以爲「才禀於氣」，豈其所謂「分之殊」者，專指氣而言之乎？朱子嘗因學者問理與氣，亦稱伊川此語説得好，却終以理氣爲二物。愚所疑未定于一者，正指此也。

「天命之謂性」，自其受氣之初言也；「率性之謂道」，自其成形之後言也。蓋形質既成，人則率其人之性而爲人之道，物則率其物之性而爲物之道。均是人也，而道又不盡同，「仁者見之則謂之仁，知者見之則謂之知，百姓則日用而不知」，分之殊也，放此可見。所云「君子之道鮮矣」者，蓋君子之道乃中節之和，天下之達道也，必從事於脩道之教，然後君子之道可得，而性以全。戒懼慎獨，所以脩道也。

「喜怒哀樂之未發，謂之中。」子思此言，所以開示後學最爲深切。蓋天命之性，無形象可覩，無方體可求，學者猝難理會，故即喜怒哀樂以明之。夫喜怒哀樂，人人所有而易見者，但不知其所謂「中」，不知其爲「天下之大本」，故特指以示人，使知性命即此而在也。上文「戒慎恐懼」即所以存養乎此，然知之未至，則所養不能無差，或陷於釋氏之空寂矣。故李延平教人「須於静中體認大本未發時氣象分明，即處事應物自然中節」。李之此指，蓋得之羅豫章，羅得之楊龜山，楊乃程門高弟，其固有自來矣。程伯子嘗言：「學者先須識仁，識得此理，以誠敬存之而已。」叔子亦言：「勿忘勿助長，只是養氣之法。如不識，怎生養？有物始言養，無物又養箇甚？」由是觀之，則「未發之中」安可無體認工夫？雖叔子嘗言「存養於未發之時則可，求中於未發之前則不可」，此殆一時答問之語，未必其終身之定論也。且以爲「既思即是已發」，語亦傷重。思乃動静之交，與發於外者不同，推尋體認，要不出方寸間爾。伯子嘗言：「天理二字，是自家體貼出來。」又云：「中者，天下之大本。天地之間亭亭當當、直上直下之正理，出則不是。」若非其潛心體貼，何以見得如此分明？學者於未發之中，誠有體認工夫，灼見其直上直下，真如一物之在吾目，斯可謂之知性也已。亹亹焉，戒懼以終之，庶無負子思子所以垂教之深意乎！

存養是學者終身事，但知既至與知未至時，意味迥然不同。知未至時，存養非十分用意不可，安排把捉，静定爲難，往往久而易厭。知既至，存養即不須大段着力，從容涵泳之中，生意油然，自有不可遏者，其味深且長矣。然爲學之初，非有平日存養之功，心官不曠，則知亦無由而至。朱子所謂「誠明兩進」者，以此。省察是將動時更加之意，即《大學》所謂「安而慮」者。然安而能慮，乃知止後事，故所得者深。若尋常致察，其所得者終未可同日而語。大抵存養是君主，省察乃輔佐也。

孟子以「勿忘勿助長」爲養氣之法。氣與性一物，但有形而上下之分爾。養性即養氣，養氣即養性，顧所從言之不同，然更無别法。子思所謂「戒慎恐懼」，似乎勿忘之意多，孟子語意較完也。

格物致知，學之始也。克己復禮，學之終也。道本人所固有，而人不能體之爲一者，蓋物我相形，則惟知有我而已。有我之私日勝，於是乎違道日遠。物格則無物，惟理之是見。己克則無我，惟理之是由。沛然天理之流行，此其所以爲仁也。始終條理，自不容紊，故曰：「知至，至之；知終，終之。」知及之而行不逮，蓋有之矣。苟未嘗真知禮之爲禮，有能「不遠而復」者，不亦鮮乎！

顔子「克己復禮」，殊未易言。蓋其於所謂禮者，見得已極分明，所謂「如有所立卓爾」也。惟是有我之私，猶有纖毫消融未盡。消融盡，即渾然與理爲一矣。然此處工夫最難，蓋大可爲也，化不可爲也。若吾徒之天資學力去此良遠，但能如謝上蔡所言「從性偏難克處克將去」，即是日用間切實工夫。士希賢，賢希聖，固自有次第也。

顔子之猶有我，於「願無伐善，無施勞」見之。

天地之化，人物之生，典禮之彰，鬼神之秘，古今之運，死生之變，吉凶悔吝之應，其説殆不可勝窮，一言以蔽之，曰「一陰一陽之謂道」。

「上天之載，無聲無臭」，不出乎人心動静之際，人倫日用之間。《詩》所謂「昊天曰明，及爾出王。昊天曰旦，及爾遊衍」即其義也。「君子敬而無失」，事天之道，庶乎盡之。若夫聖人「純亦不已」，則固與天爲一矣。

仁至難言。孔子之答問仁，皆止言其用力之方。孟子亦未嘗明言其義，其曰「仁，人心也」，蓋即此以明彼，見其甚切於人而不可失爾，與下文「人路」之義同。故李延平謂「孟子不是將心訓仁」，其見卓矣。然學者類莫之察，往往遂失其旨。歷選諸儒先之訓，惟程伯子所謂「渾然與物同體」，似爲盡之。且以爲「義禮智信皆仁」，則粲然之分，無一不具。惟其無一不具，故徹頭徹尾，莫非是物，此其所以爲渾然也。張子《西銘》，其大意皆與此合。他如「曰公」、「曰愛」之類，自同體而推之，皆可見矣。

操舍之爲言，猶俗云提起放下。但常常提掇此心，無令放失，即此是操，操即敬也。孔子嘗言「敬以直内」，蓋此心常操而存，則私曲更無所容，不期其直而自直矣。先儒有以「主敬」、「持敬」爲言者，似乎欲密反踈，後學或從而疑之，又不知其實用工果何如也。

「鳶飛魚躍」之三言，誠子思喫緊爲人處，復言「君子之道，造端乎夫婦」，則直窮到底矣。蓋夫婦居室，乃生生化化之源，天命之性於是乎成，率性之道於是乎出。天下之至顯者，實根於至微也。聖賢所言，無非實事。釋氏既斷其根，化生之源絶矣，猶譊譊然自以爲見性，性果何物也哉！

有志於道者，必透得富貴、功名兩關，然後可得而入。不然，則身在此，道在彼，重藩密障以間乎其中，其相去日益遠矣。夫爲其事必有其功，有其實其名自附。聖賢非無功名，但其所爲，皆理之當然而不容已者，非有所爲而爲之也。至於富貴，不以其道得之且不處，矧從而求之乎？苟此心日逐逐於利名，而亟談道德以爲觀聽之美，殆難免乎謝上蔡「鸚鵡」之譏矣。

鬼神乃二氣之良能，莫非正也。其或有不正者，如淫昏之鬼與夫妖孽之類，亦未始非二氣所爲。但陽氣盛，則陽爲之主，陰爲之輔，而爲正直之鬼神。陰氣盛，則陰爲之主，微陽反爲之役，而爲不正之妖孽。妖孽雖是戾氣，無陽亦不能成。此理至深，要在精思而自得之，非言説所能盡也。凡妖孽之興，皆由政教不明，陽日消而莫之扶，陰日長而莫之抑，此感彼應，猶影之於形，自有不期然而然者。然則消異致祥，其道亦豈遠乎哉！

邵子云：「一動一静者，天地之至妙者歟。一動一静之間者，天地人之至妙至妙者歟。」性命之理，一言而盡之，何其見之卓也。又其詩有云：「須探月窟方知物，未躡天根豈識人？」朱子遂取其詞以爲之贊，又有以深達邵子之奥矣。學者不求之動静之間，固無由見所謂「月窟」與「天根」，苟「天根」、「月窟」之不能知，則所云「至妙至妙者」，無乃徒爲贊歎之辭而已。儒先深意之所在，讀者其可忽諸！

未發之中，非惟人人有之，乃至物物有之。盖中爲天下之大本，人與物不容有二。顧大本之立，非聖人不能，在學者則不可不勉。若夫百姓，則日用而不知，孟子所謂「異於禽獸者幾希」，正指此爾。先儒或以爲「常人更無未發之中」，此言恐誤。若有無不一，安得爲「物物各具一太極」乎？此義理至精微處，斷不容二三其説也。

程子譏吕與叔不識大本，非謂赤子無未發之中，盖以赤子之心不能無動，動即有所偏着，故不可謂之大本爾。然中之本體，固自若也。且其雖有偏着，而常純一無僞，是以孟子取之。即此推尋，中之爲義，亦庶乎其可識矣！

理一也，必因感而後形。感則兩也，不有兩即無一。然天地間無適而非感應，是故無適而非理。

神化者，天地之妙用也。天地間非陰陽不化，非太極不神，然遂以太極爲神，以陰陽爲化，則不可。夫化乃陰陽之所爲，而陰陽非化也；神乃太極之所爲，而太極非神也。「爲」之爲言，所謂「莫之爲而爲」者也。張子云：「一故神，兩故化。」盖化言其運行者也，神言其存主者也。化雖兩，而其行也常一；神本一，而兩之中無弗在焉。合而言之則爲神，分而言之則爲化。故言化則神在其中矣，言神則化在其中矣，言陰陽則太極在其中矣，言太極則陰陽在其中矣，一而二、二而一者也。學者於此，須認教體用分明，其或差之毫釐，鮮不流於釋氏之歸矣。

天人、物我之分明，始可以言理一。不然，第承用舊聞而已。

「窮理盡性以至於命」，二程所言，乃大賢以上事，張子所言，乃學者事。然物格知至，則性命無不了然，更無漸次，若行到盡處，則有未易言者爾。

程叔子答蘇季明之問，有云：「中有甚形體？然既謂之中也，須有箇形象。」伯子嘗云：「中者，天下之大本。天地間亭亭當當、直上直下之正理。」玆非形象而何？凡有象皆可求，然則求中於未發之前，何爲不可？固知叔子此言，非其終身之定論也。

「形象」與「形體」，只争一字。「形體」二字皆實，「象」字虛實之間。然中之爲象，與易象又難概論，要在善觀而默識之爾。

人物之生，本同一氣，惻隱之心，無所不通。故「親親而仁民，仁民而愛物」，皆理之當然自有不容已者，非人爲之使然也。「君子之仕也，行其義也。」行吾義，即所以盡吾仁。彼溺於富貴而忘返者，固無足論，偏守一節以爲高者，亦未足與言仁義之道也。

論治道，當以格君心爲本。若伊尹之輔太甲，周公之輔成王，皆能使其君出昏即明，克終厥德，商周之業賴以永延，何其盛也！後世非無賢相，隨事正救亦多有可稱，考其全功，能庶幾乎伊、周者，殊未多見。蓋必有顔、孟之學術，然後伊、周之相業可希。然則作養人才又誠爲治之急務，欲本之正而急務之不知，猶臨川而乏舟楫，吾未見其能濟也已。

作養人才，必由於學校。今學校之教，純用經術，亦云善矣，但以科舉取士，學者往往先詞藻而後身心，此人才之所以不如古也。若因今之學校，取程子教養選舉之法推而行之，人才事業遠追商、周之盛，宜有可冀，所謂「堯舜之智，急先務」，其不在兹乎，其不在兹乎！

古之立政也，將以足民；今之立政也，惟以足國。古之爲政者，將以化民；今之爲政者，愚夫愚婦或從而議之，何民之能化！

知人之所以爲難者，迹然而心或不然也。君子心乎爲善，固無不善之迹。小人心乎爲惡，然未嘗不假仁義以蓋其姦。其姦愈深，則其蓋之也愈密。幸而有所遇合，則其附會彌縫也愈巧。自非洞見其心術，有不信其爲君子已乎？雖其終於必敗，然國家受其禍害，有不可勝救者矣。載稽前史，歷歷可徵。夫人固未易知，苟清明在躬，其誠僞亦何容隱？或乃蔽於私，累於欲，失其所以照臨之本，夫安得不謬乎？然則知言之學，正心之功，是誠官人者之所當致力也。

法有當變者，不可不變，不變即無由致治。然欲變法，須是得人。誠使知道者多，尚德者衆，無彼無己，惟善是從，則於法之當變也，相與議之必精；既變也，相與守之必固。近則爲數十年之利，遠則數百年之利亦可致也。以天下之大，知道者安敢以爲無人？誠得其人以爲之表率，薰陶鼓舞，自然月異而歲不同。近則五年，遠則十年，真才必當接踵而出矣。且談道與議法，兩不相悖而實相資，三五年間，亦何事之不可舉耶？

嘗自一邑觀之，爲政者苟非其人，民輒生慢易之心，雖嚴刑峻法無益也。一旦得賢者而臨之，民心即翕然歸向。其賢不肖，亦不必久而後信，但一嚬笑、一舉措之間，民固已窺而得之。風聲之流不疾而速，其向背之情，自有不約而同者，乃感應之常理也。故君子之守，修其身而天下平；大臣之業，一正君而國定。「知遠之近，知風之自，知微之顯」，斯可以爲政矣，政與德無二道也。

「忠告善道」，非惟友道當然，人臣之進言於君，其道亦無以易此。故「矯激」二字，所宜深戒。夫矯則非忠，激則未善，欲求感格難矣。然激出於忠誠猶可，如或出於計數，雖幸而有濟，其如「勿欺」之戒何哉！

爲治者常患於乏才。才固未嘗乏也，顧求之未得其方爾。蓋必各舉所知，然後天下之才畢見於用。孔子告仲弓云：「舉爾所知，爾所不知，人其舍諸？」此各舉所知之義也。今舉賢之路殊狹，未仕者既莫得而舉，已仕者自藩臬以至郡邑，以一道計之，其人亦不少矣，而其賢否率取决於一二人之言，以此而欲求盡天下之才，其可得乎？非有以變而通之，乏才之歎何能免也。

制度立，然後可以阜俗而豐財。今天下財用日窘，風俗日蔽，皆由制度隳廢而然也。故自衣服、飲食、宫室、輿馬以至於冠、婚、喪、祭，必須貴賤有等，上下有別，則物無妄費而財可豐，人無妄取而俗可阜，此理之不易者也。然法之不行，自上犯之。「君子之德風，小人之德草」，是在朝廷而已矣。

井田勢不可復，限田勢未易行。天下之田，雖未能盡均，然亦當求所以處之之術，不然養民之職無時而舉矣。今自兩淮南北，西極漢沔，大率土曠人稀，地有遺利，而江浙之民，特爲蕃庶，往往無田可耕，於此有以處之，其所濟亦不少矣。「以佚道使民，雖勞不怨。」學道愛人之君子，豈無念及於此者乎！然漢之晁錯得行其策於塞下，宋之陳靖不得行其説於京西，此則係乎上之人明與斷何如爾。

理財之道，《大學》四言盡之，❶而後世鮮不相戾，公私交病固其所也。今太倉之粟，化爲月課以入權門者，不可勝計。内庫之出内，司國計者不復預聞，謂有政事可乎？經費不足，則横斂亟行，奈之何民不窮且盜也。且唐之德宗猶能納楊炎之請，立移財賦於左藏，况乃英明之主，抑又何難？由此推類以盡其餘，財不可勝用矣。

唐、宋諸名臣，多尚禪學，學之至者，亦儘得受用。盖其生質既美，心地復緣此虚静，兼有稽古之功，則其運用酬酢，雖不中，不遠矣。且凡爲此學者，皆不隱其名，不諱其實，初無害其爲忠信也，故其學雖誤，其人往往有足稱焉。後世乃有儒其名而禪其實，諱其實而侈其名者，吾不知其反之於心，果何如也？

天下，大器也，必以天下爲度者，始能運之，才不足恃也。雖有過人之才而未聞君子之道，其器固易盈也。弗盈則大，以大運大，不其裕乎！

❶「大」，原作「太」，據嘉靖本、四庫本改。

人才之見於世，或以道學，或以詞章，或以政事。大約有此三等，其間又各有淺深高下之異，然皆所謂才也。但以余所見聞，道學之名，世多不喜，而凡爲此學者，名實亦未必皆副，又或未能免於驕吝，此嫌謗之所自生也。夫學以求道，自是吾人分内事，以此忌人固不可，以之驕人亦惡乎可哉！且形迹一分，勢將無所不至。程、蘇之在元祐，其事亦可鑒矣。是故爲士者當務脩其實，求士者必兼取其長，如此則小大之才各以時成，兩不相嫌而交致其用，天下之治庶乎其有攸賴矣。

漢高非不用儒，顧真儒亦自難得爾。當時如陸賈、叔孫通輩，帝皆嘗納其論説，聽其施爲，然其規模力量概可見矣。以漢高之明達，有賢於二子者詎肯輕棄之乎？魯兩生不從叔孫之招，楊子雲以大臣許之，未知何所見而云然也。夫謂「禮樂，積德百年而後可興」，其言未爲無理。然百年之内必當有所從事，况乎禮樂之爲用，爲天下國家不可一日無者。兩生果大賢歟，於其本末先後之序，固宜有定見矣，即有定見，盍出而一陳之？使其言果可行而帝不從，去就固在我也。且惡知其不能用？遂視一叔孫生以爲行止，不亦坐失事幾之會哉？以愚觀之，兩生於道未必有聞，盖偏守一節以爲高者爾。不出則爲兩生，出則爲四皓，恐未足以當大臣之選也。

唐府兵之法，最爲近古。范文正公嘗議欲興復，而爲衆説所持，道之廢興，信乎其有命也。愚於此頗嘗究心，竊以此法之行，灼然有利而無害，揆之人情事勢，亦無不可行之理。顧其脉絡之相聯屬者非一處，條目之相管攝者非一端，變通之宜，要當臨時裁酌，非一言所能盡也。然須推廣其制，通行於天下，使郡邑無處無備，緩急斯有所恃以無虞。其老弱無用坐食之兵，皆歸之農，自然國用日舒，民力日裕，此灼然之利，非簸弄筆舌之空談也。

楚、漢之争天下，高帝身拒項羽於滎陽、成臯間。令韓信北渡河，取魏，取趙，取燕，取齊。河北、山東之地既舉，羽在漢圍中矣。然其南猶有九江王黥布，圍未合也。及隋何以布歸漢，則其圍四合矣，羽復安所逃乎？此漢取天下之大勢也。凡用兵制勝，以識形勢爲先。然有天下之形勢，有一方之形勢，有戰陣間之形勢，得之則成，失之則敗，成敗之爲利害，有不可勝計者矣。今之儒者鮮或談兵，要之錢穀甲兵皆吾人分内事，何可以不講也？且如唐安禄山既犯東京，眷留不去。李泌、郭子儀皆請先取范陽以覆其巢穴，此真識形勢者也。肅宗急於收復，不從其策。河北之地，由此失之，終唐之世而不能復。黄巢横行入廣，高駢請分兵守郴、循、梧、昭、桂、永數州之險，自將由大庾度嶺擊之，此真識形勢者也。使從其言，巢直罝中兔爾。而當國者曾莫之省，巢果覆出爲惡，遂致滔天。然則形勢之所繫，豈小哉！

天之道，日月星辰爲之經，風雨雷霆霜露爲之緯。經緯有常，而元亨利貞之妙在其中矣，此造化之所以成也。人之道，君臣父子夫婦長幼朋友爲之經，喜怒哀樂爲之緯。經緯不忒，而仁義禮智之實在其中矣，此德業之所以成也。

周子之言性，有自其本而言者，「誠源」，「誠立」，「純粹至善」是也。有據其末而言者，「剛善」，「剛惡」，「柔亦如之」，「中焉止矣」是也。然《通書》首章之言，渾淪精密，讀者或有所未察，遂疑周子專以剛柔善惡言性，其亦踈矣。

太極陰陽之妙，善觀者試求之，一歲之内自當了然。一日之内亦可觀，然太近而難詳也。一元之内亦可觀，然太遠而難驗也。要之，近而一日，遠而一元，其盈虛消息、相爲循環之理，即一歲而推之，無有不合。《易》言「復其見天地之心」，蓋明指其端矣。苟明乎此，其於酬酢世變，又豈待於外求也哉！

性無形，雖有善譬，終難盡其妙。孟子、程子皆嘗取譬於水，其言有不容易者。蓋以就下之與在山，清之與濁，同一物也。然至語其不善，一則以爲搏擊使之，一則以爲泥沙混之，是亦微有不同。必也會二説而同之，性之義庶其盡矣。謝顯道記伊川先生語有云：「禪家之言性，猶太陽之下置器，其間方圓大小不同，特欲傾此於彼爾。然在太陽幾時動？」伊川此語，足以破禪家之謬。然又言：「人之於性，猶器之受光於日。」「受」字固與「傾」字不類，但此譬終覺未親。

程伯子論「生之謂性」一章，反覆推明，無非理一分殊之義。朱子爲學者條析，雖詞有詳略，而大旨不殊，然似乎小有未合，請試陳之。夫謂「人生氣禀，理有善惡」，以其分之殊者言也；「然不是性中元有此兩物相對而生」，以其理之一者言也。謂「人生而静以上不容説」，蓋人生而静即未發之中，一性之真湛然而已，更着言語形容不得，故曰「不容説」。「繼之者善」即所謂「感於物而動」也，動則萬殊，剛柔善惡於是乎始分矣。然其分雖殊，莫非自然之理，故曰「惡亦不可不謂之性」。既以剛柔善惡名性，則非復其本體之精純矣，故曰「纔説性時，便已不是性也」。下文又以水之清濁爲喻。蓋清，其至静之本體；而濁，其感動之物欲也。本體誠至清，然未出山以前無由見也，亦須流行處方見。若夫不能無濁，安可無修治之功哉？修治之功既至，則濁者以之澄定，而本體常湛然矣。然非能有所增損於其間也，故以「舜有天下而不與」終之。切詳章内「以上」二字，止是分截動静之界，由動而言，則静爲以上，猶所謂「未發之前」。「未發」更指何處爲前？蓋據已發而言之爾。朱子於此似求之太過，却以爲「人物未生時」，恐非程子本意。蓋程子所引「人生而静」一語，正指言本然之性，繼以「纔説性時，便已不是性」二語，蓋言世所常説，乃性之動而非性之本也。此意甚明，詳味之自可見。若以「人生而静」以上爲指人物未生時説，則是説「維天之命」，「不是性」三字無着落矣。

程叔子云：「孟子言性，當隨文看。不以告子『生之謂性』爲不然者，此亦性也。被命受生之後，謂之性爾，故不同。繼之以『犬之性猶牛之性，牛之性猶人之性歟』，然不害爲一。若乃孟子之言善者，乃極本窮源之性。」嘗考叔子論性之語亦多，惟此章意極完備，同中有異，異中有同，性命之實無餘無歉。但章末二語，恐記録者不能無少誤爾。蓋受氣之初，犬牛與人，其性未嘗不一，成形之後，犬牛與人，其性自是不同。叔子所云「不害爲一」，正指本源處言之。而下文「若乃」二字却説開了，語脉殊歉照應，非記録之誤而何？

二程教人，皆以知識爲先，其言見於《遺書》及諸門人所述，歷歷可考。《大學》所謂「欲誠其意者，先致其知。知至而后意誠」，此不易之序也。及考朱子之言，則曰：「上蔡説『先有知識，以敬涵養』，似先立一物了。」他日却又有云：「未能識得，涵養箇甚？」嘗屢稱「明道『學者先須識仁』一段，説話極好」。及胡五峰有「欲爲仁，必先識仁之體」之言，則又大以爲疑，却謂：「不必使學者先識仁體。」其言之先後不一如此，學者將安所適從哉！愚嘗竊以所從入者驗之，斷非先有知識不可。第識仁大是難事，明道嘗言：「天理二字，是自家體貼出來。」此所以識仁之方也。然體貼工夫須十分入細，一毫未盡即失其真。朱子之言大抵多隨學者之偏而救之，是以不一，然因其不一而求以歸于至一，在我有餘師矣。

理之所在謂之心，故非存心則無以窮理；心之所有謂之性，故非知性則無以盡心。孟子言心言性，非不分明，學者往往至於錯認，何也？求放心只是初下手工夫，盡心乃其極致，中間緊要便是窮理。窮理須有漸次，至於盡心知性，則一時俱了，更無先後可言。如理有未窮，此心雖立，終不能盡。吾人之有事於心地者，其盡與不盡，反觀内省亦必自知。不盡而自以爲盡，是甘於自欺而已矣，非誠有志於道者。

延平李先生曰：「動静、真僞、善惡皆對而言之，是世之所謂動静、真僞、善惡也，非性之所謂動静、真僞、善惡也。惟求静於未始有動之先，而性之静可見矣。求真於未始有僞之先，而性之真可見矣。求善於未始有惡之先，而性之善可見矣。」此等言語是實下細密工夫體貼出來，不可草草看過。

動亦定，静亦定，性之本體然也。動静之不常者，心也。聖人性之，心即理，理即心，本體常自湛然，了無動静之别。常人所以膠膠擾擾，曾無須臾之定貼者，心役於物而迷其性也。夫事物雖多，皆性分中所有。苟能順其理而應之，亦自無事。然而明有未燭，誠有弗存，平時既無所主，則臨事之際，又惡知理之所在而順之乎？故必誠明兩進工夫純熟，然後定性可得而言，此學者之所當勉也。

「既不知尊德性，焉有所謂道問學。」此言未爲不是，但恐差認却德性，則問學直差到底。原所以差認之故，亦只是欠却問學工夫，要必如孟子所言「博學詳説」，「以反説約」，方爲善學。苟學之不博，説之不詳，而蔽其見於方寸之間，雖欲不差，弗可得已。

程子有云：「世人只爲一齊在那昏惑迷暗海中，拘滯執泥坑裏，便事事轉動不得，没着身處。」此言於人甚有所警發，但不知如何出脱得也。然上文已有「物各付物」一言，只是難得到此地位，非物格知至而妄意及此，其不爲今之狂者幾希。

「凡言心者皆是已發」，程子嘗有是言，既自以爲未當而改之矣。朱子文字，猶有用程子舊説未及改正處，如《書傳》釋人心道心，皆指爲已發，《中庸序》中「所以爲知覺者不同」一語，亦皆已發之意。愚所謂未定于一者，此其一也。

命之理，一而已矣，舉陰陽二字便是分殊，推之至爲萬象。性之理，一而已矣，舉仁義二字便是分殊，推之至爲萬事。萬象雖衆，即一象而命之全體存焉；萬事雖多，即一事而性之全體存焉。

天之道莫非自然，人之道皆是當然。凡其所當然者，皆其自然之不可違者也。何以見其不可違？順之則吉，違之則凶，是之謂天人一理。

吾儒只是順天理之自然，佛、老二氏皆逆天背理者也，然彼亦未嘗不以自然藉口。邵子有言：「佛氏棄君臣父子夫婦之道，豈自然之理哉！」片言可以折斯獄矣。顧彼猶善爲遁辭，以謂佛氏門中不舍一法。夫既舉五倫而盡棄之矣，尚何法之不舍邪？

此下舊本傷冗，今削之。❶

「静中有物」者，程伯子所謂「亭亭當當、直上直下之正理」是也。朱子以爲「思慮未萌而知覺不昧」，似乎欠一理字。學者或認從知覺上去，未免失之。

「人心有覺，道體無爲」，熟味此兩言，亦可以見心性之别矣。

朱子《辯蘇黄門老子解》有云：「道器之名雖異，然其實一物也，故曰『吾道一以貫之』。」與所云「理氣決是二物」者，又不同矣。爲其學者，不求所以歸于至一可乎？

「乾以易知，坤以簡能。」此人之良知良能所自來也。然乾始物，坤成物，固自有先後之序矣。其在學者，則致知力行工夫，要當並進，固無必待所知既徹而後力行之理，亦未有所知未徹而能不疑其所行者也。然此只在自勉，若將來商量議擬，第成一場閒説話耳，果何益哉！

張子韶以佛語釋儒書，改頭换面，將以愚天下之耳目，其得罪於聖門亦甚矣。而近世之談道者，或猶陰祖其故智，往往假儒書以彌縫佛學，律以《春秋》誅心之法，吾知其不能免夫。

---

❶「之」下，原有「獨有誑取人財以爲飽暖安居之計乃其所不能舍之法爾」二十三字，據嘉靖本、四庫本删。

困知記卷下

凡七十五章

嘗讀宋學士《新刻楞伽經序》，具載我聖祖訓詞，由是知聖祖洞明佛學。又嘗讀《御製神樂觀碑》有云：「長生之道世有之，不過修身清浄，脱離幻化，疾速去來，使無難阻，是其機也。」於此又知我聖祖深明老氏之學。至於經綸萬務，垂訓萬世，一惟帝王相傳之道是遵，孔、曾、思、孟之書，周、程、張、朱之説是崇是信，彝倫攸叙，邪慝無所容。聖子神孫，守爲家法，雖與天地同其悠久可也。卓哉，大聖人之見，誠高出於尋常萬萬哉！

《易》之爲書，有辭，有變，有象，有占。變與象皆出於自然，其理即所謂性命之理也。聖人繫之辭也，特因而順之，而深致其意於吉凶悔吝之占，凡以爲立人道計爾。夫變之極，其象斯定，象既定而變復生，二者相爲循環，無有窮已。《文言》曰：「知進退存亡而不失其正者，其惟聖人乎！」夫消變於未形，聖人之能事也。自大賢以下，必資於學。《繫辭》曰：「君子居則觀其象而玩其辭，動則觀其變而玩其占，是以自天祐之，吉无不利。」此學《易》之極功也。占也者，聖人於其變動之初，逆推其理勢必至於此，故明以爲教，欲人豫知所謹，以免乎悔吝與凶。若待其象之既成，則無可免之理矣。使誠有得於觀玩，固能適裁制之宜，其或於卜筮得之，亦可以不迷乎趨避之路，此人極之所以立也。是則君子之玩占，乃其日用工夫，初無待於卜筮。若夫卜筮之所尚，則君子亦未嘗不與衆人同爾。聖人作《易》之意，或者其有在於是乎？

程子言：「聖人用意深處，全在《繫辭》。」蓋子貢所謂「性與天道，不可得而聞」者，《繫辭》發明殆盡。學者苟能有所領會，則天下之理皆無所遺，凡古聖賢經書微言奥義，自然通貫爲一，而確乎有以自信，視彼異端邪説，真若蹄涔之於滄海，碔砆之於美玉矣。然或韋編屢絶，而不能辯世間之學術，則亦何以多讀爲哉！

劉保齋於卦德、卦體、卦象從朱子，卦變從程子，其義甚精。蓋亦因其言之不一，而求以歸于至一，可謂篤於尊信程、朱者矣。

《詩》三百十一篇，人情世態，無不曲盡。燕居無事時，取而諷詠之，歷歷皆目前事也，其可感者多矣。「百爾君子，不知德行。不忮不求，何用不臧？」其言誠有味哉！

「範圍天地之化而不過。」程子云：「模範出一天地爾，非在外也。」如此即是與天道脗合之意，所謂「不過」者，在聖人。朱子云：「天地之化無窮，而聖人爲之範圍，不使過於中道，所謂裁成者也。」如此則所謂「不過」者，疑若指化育。然竊惟天地之化，消息盈虚而已，其妙雖不可測，而理則有常。聖人裁成之云，亦惟因其時順其理，爲之節度，以遂生人之利，非能有所損益也。「不使過於中道」一語，似乎欠瑩。若程説則簡而明矣。

「東北喪朋，乃終有慶」，程《傳》之義爲精。「用説桎梏」，覺得《本義》尤與上下文相協。年來深喜讀《易》，但精神漸短，浹洽爲難爾。大凡讀《傳》、《義》者，於其異同之際，切宜致思。

孔子作《春秋》，每事只舉其大綱以見意義，其詳則具于史。當時史文具在，觀者便見得是非之公，所以「《春秋》成而亂臣賊子懼」。其後史既亡逸，惟聖筆獨存。左氏必曾見國史來，故其作傳皆有來歷，雖難於盡信，終是案底。

《尚書》有難曉處，正不必枉費心思，强通得亦未必是。於其明白易曉者熟讀而有得焉，殆不可勝用矣。

《書》言：「以義制事，以禮制心。」《易》言：「敬以直内，義以方外。」大旨初無異也。但「以」字在「義」、「禮」上，則人爲之主，與理猶二。「以」字在「敬」、「義」下，則敬、義爲之主，人與理一矣。其工夫之踈密，造詣之淺深，固當有别。

《堯典》有知人之道四。「嚚訟」一也，「静言庸違，象恭」二也，「方命圮族」三也，皆所以知小人。「克諧以孝」四也，所以知君子。嚚訟與圮族，皆所謂剛惡也。静言象恭，柔惡也。小人之情狀固不止此，然即此三者亦可以概之。孝乃百行之首，漢去古未遠，猶以孝廉取士，然能使頑父、嚚母、傲弟相與感化而不格姦，則天下無不可化之人矣。非甚盛德，其孰能之？《堯典》所載「曆象授時」外，惟此四事乃其舉措之大者，所舉若此，所措若彼，非萬世君天下者之法乎？苟能取法於斯，雖欲無治，不可得已。

《春秋》殊未易讀。程子嘗言：「以傳考經之事迹，以經别傳之真僞。」如歐陽文忠所論魯隱、趙盾、許止三事，可謂篤信聖經而不惑於三傳者矣。及胡文定作傳，則多用三傳之説而不從歐公。人之所見，何若是之不同耶？夫聖筆之妙如化工，固不容以淺近窺測，然求之太過或反失其正意。惟虚心易氣，反覆潛玩，勿以衆説汩之，自當有得也。三傳所長固不容掩，然或失之誣，或失之鑿，安可盡以爲據乎？竊謂歐公之論恐未可忽，舍程子兩言亦無以讀《春秋》矣。

「能者養以之福」，累見諸本，皆作「養之以福」。倒却一字，其意味理致迥然不同。承訛踵誤若此類，盖亦多矣。

《樂記》「人生而静，天之性也。感於物而動，性之欲也」一段，義理精粹，要非聖人不能言。陸象山乃從而疑之，過矣。彼盖專以欲爲惡也。夫人之有欲，固出於天，盖有必然而不容已，且有當然而不可易者。於其所不容已者而皆合乎當然之則，夫安往而非善乎？惟其恣情縱欲而不知反，斯爲惡爾。先儒多以「去人欲」、「遏人欲」爲言，盖所以防其流者不得不嚴，但語意似乎偏重。夫欲與喜怒哀樂，皆性之所有者，喜怒哀樂又可去乎？象山又言：「天亦有善有惡，如日月蝕、惡星之類。」是固然矣。然日月之食，彗孛之變，未有不旋復其常者，兹不謂之天理而何？故人道所貴，在乎「不遠而復」，奈何「滔滔者天下皆是也」！是則循其本而言之，天人曷嘗不一？究其末也，亦安得而不二哉？

《曾子問》：「昏禮既納幣，有吉日，而壻之父母死，已葬，使人致命女氏曰：『某之子有父母之喪，不得嗣爲兄弟。』女氏許諾而弗敢嫁，禮也。壻免喪，女之父母使人請，壻弗取而後嫁之，禮也。女之父母死，壻亦如之。」陳澔《集説》謂：「壻祥禫之後，❶女之父母使人請壻成昏，壻終守前説而不取，而後此女嫁於他族。若女免喪，壻之父母使人請，女家不許壻，然後别娶。」此於義理人情皆説不通，何其謬也！安有婚姻之約既定，直以喪故，需之三年之久乃從而改嫁與别娶耶？蓋「弗取」、「弗許」者，免喪之初，不忍遽爾從吉，故辭其請，亦所謂禮辭也。其後必再有往復，昏禮乃成。聖人雖未嘗言，固可以義推也。澔之《集説》未爲無功於禮，但小小疎失時復有之，然害理傷教莫此爲甚。

《易》逐卦逐爻各是一象，象各具一理。其爲象也不一，而理亦然。然究而論之，象之不一，誠不一也；理之不一，蓋無往而非一也。故曰：「同歸而殊塗，一致而百慮。」非知道者，孰能識之？

《孟子》「性也，有命焉。命也，有性焉」一章，語意極爲完備，正所謂理一而分殊也。當時孟子與告子論性，皆隨其説而折難之，故未暇及此。如使告子得聞斯義，安知其不悚然而悟，俛焉而伏也？

董子云：「性者，生之質也。」觀告子論性，前後數説，其大旨不出「生」、「質」二字而已。董子知尊孔子，未必不知有孟子之説，而顧有合於告子，豈其亦有所受之耶？

周子《太極圖説》篇首「無極」二字，如朱子之所解釋可無疑矣。至於「無極之真，二五之精，妙合

❶「禫」，原作「禪」，據四庫本改。

而凝」三語，愚則不能無疑。凡物必兩而後可以言合，太極與陰陽果二物乎？其爲物也果二，則方其未合之先，各安在耶？朱子終身認理氣爲二物，其源蓋出於此。愚也積數十年潛玩之功，至今未敢以爲然也。嘗考朱子之言有云「氣强理弱」，「理管攝他不得」。若然，則所謂太極者，又安能爲造化之樞紐，品物之根柢耶？惜乎！當時未有以此説叩之者。姑記於此，以俟後世之朱子云。

朱子謂：「《通書》之言，皆所以發明太極之藴。」然書中並無一言及於無極，不知果何説也？《通書》四十章，義精詞確，其爲周子手筆無疑。至如「五殊二實，一實萬分」數語，反覆推明造化之妙，本末兼盡。然語意渾然，即氣即理，絶無罅縫，深有合乎《易傳》「乾道變化，各正性命」之旨，與所謂「妙合而凝」者有間矣。知言之君子，不識以爲何如？

張子《正蒙》「由太虚有天之名」數語，亦是將理氣看作二物，其求之不爲不深，但語涉牽合，殆非性命自然之理也。嘗觀程伯子之言，有云：「上天之載，無聲無臭。其體則謂之易，其理則謂之道，其用則謂之神，其命於人則謂之性。」只將數字剔撥出來，何等明白！學者若於此處無所領悟，吾恐其終身亂於多説，未有歸一之期也。

《正蒙》云：「聚亦吾體，散亦吾體。知死之不亡者，可與言性矣。」又云：「游氣紛擾，合而成質者，生人物之萬殊。其陰陽兩端，循環不已者，立天地之大義。」夫人物則有生有死，天地則萬古如一。氣聚而生，形而爲有，有此物即有此理。氣散而死，終歸於無，無此物即無此理。安得所謂「死而不亡」者耶？若夫天地之運，萬古如一，又何死生存亡之有？譬之一樹，人物乃其花葉，天地其根幹也。

花謝葉枯，則脱落而飄零矣，其根榦之生意固自若也，而飄零者復何交涉？謂之不亡，可乎？故朱子謂張子此言「其流乃是箇大輪迴」。由其迫切以求之，是以不覺其誤如此。

「游氣紛擾，合而成質者，生人物之萬殊。陰陽兩端，循環不已者，立天地之大義。」《中庸》有兩言盡之，曰：「小德川流，大德敦化。」

曾子易簀，仁也。子路結纓，勇也。恐未可一而視之。釋經小有不同，未爲大害。至於義理之本原，毫髪不容差互也。

《正蒙》中論禮器、禮運甚詳，究其歸不出體用兩言而已。體立則用行，體信斯達順矣。

《正蒙》有云：「陰陽之氣，循環迭至，聚散相盪，升降相求，絪緼相揉，蓋相兼相制，欲一之而不能。此其所以屈伸無方，運行不息，莫或使之，不曰性命之理，謂之何哉？」此段議論最精，與所謂太虚、氣化者有間矣。蓋其窮思力索，隨有所得。即便劄記，先後初不同時，故淺深踈密，亦復不一，讀者擇焉可也。

六經之道同歸，而禮樂之用爲急。然古禮古樂之亡也久矣，其遺文緒論僅有存者，學者又鮮能熟讀其書，深味其旨，詳觀其會通，斟酌其可行之實，遂使先王之禮樂曠千百年而不能復。其施用於當世者，類多出於穿鑿附會之私而已，可慨也夫！

邵子因學數推見至理，其見處甚超，殆與二程無異。而二程不甚許之者，蓋以其發本要歸不離於數而已，其作用既別，未免與理爲二也。故其出處語默，揆之大中至正之道，時或過之。程伯子嘗語學者云：「賢看某如此，某煞用工夫。」盖必反身而誠，斯爲聖門一貫之學爾。

「天道之變，盡於春夏秋冬。世道之變，盡於皇帝王霸。」是固然矣。然一年之内四氣常均，且冬則復春，春則復夏，自三皇以至今日盖四千餘年，而霸道獨爲長久，何也？豈天道往則必復，世道將一往而遂不反耶？僅有一説，王霸之道雖殊，然霸者之所假，亦必帝王之道。漢、唐、宋皆多歷年所，其間帝王之道固嘗少試於天下，然則雖謂之帝王之世可矣。

視聽思慮動作皆天也，人但於其中要識得真與妄爾。動以天之謂真，動以人之謂妄。天人本無二，人只緣有此形體，與天便隔一層，除却形體，渾是天也。然形體如何除得？但克去有我之私便是除也。

邵子云：「中庸非天降地出，揆物之理，度人之情，行其所安，斯爲得矣。」愚竊以爲，物理人情之所安，固從天降地出者也。子思作《中庸》一書，首言「天命之謂性」，終以「上天之載，無聲無臭」二語，中間散爲萬事，有一不出於天者乎？故君子依乎中庸，無非順天而已，不容一毫私智有所作爲於其間也。以邵子之高明，固已妙達天人之藴，而其言如此，豈其急於誘進學者，姑指而示之近歟？記《禮》者亦有此言，要非深意之所存也。

《春秋》事迹，莫詳於《左傳》。左氏於聖人筆削意義雖無甚發明，然後之學《春秋》者得其事迹爲據，而聖經意義所在因可測識，其功亦不少矣。且如楚世子商臣之惡，向非《左傳》載之之詳，何由知其惡之所自？既不知其惡之所自，則聖人垂戒之意荒矣。盖凡簒弑之書，非但以垂戒臣子，亦以垂戒君父。夫君不君則臣不臣，父不父則子不子，此一説也。君雖不君，臣不可以不臣；父雖不父，子不可以不子，此又一説也。君君，臣臣，父父，子子，然後綱常正而品物遂，此《春秋》所以有功於萬世也。或乃謂《春秋》凡書弑君，弑即是罪，何必更求其詳。果如其言，即不過發讀者一長歎而已，於世道竟何補，而聖人又奚以作《春秋》爲哉？

理須就氣上認取，然認氣爲理便不是。此處間不容髮，最爲難言，要在人善觀而默識之。「只就氣認理」與「認氣爲理」兩言，明有分別，若於此看不透，多説亦無用也。

或問楊龜山：「易有太極，莫便是道之所謂中否？」曰：「然。」「若是則本無定體，當處即是太極耶？」曰：「然。」「兩儀、四象、八卦如何自此生？」曰：「既有太極便有上下，有上下便有左右前後，有左右前後四方便有四維，皆自然之理也。」龜山此段説話，詞甚平易而理極分明，直是看得透也。然學者於此，當知聖人所謂太極，乃據易而言之。蓋就實體上指出此理以示人，不是懸空立説，須子細體認可也。

謝上蔡有言：「心之窮物有盡而天者無盡，如之何包之？」此言不知爲何而發。夫人心之體即天之體，本來一物，無用包也，但其主於我者謂之心爾。心之窮物有盡，由窮之而未至爾。物格則無盡矣，無盡即無不盡，夫是之謂盡心。心盡則與天爲一矣，如其爲物果二，又豈人之智力之所能包也哉？

程伯子嘗言：「萬物皆備於我，不獨人爾，物皆然。」佛家亦言：「蠢動含靈，皆有佛性。」其大旨殆無異也，而伯子不可其說。愚嘗求其所以不可之故，竟莫能得也。夫佛氏之所謂性者覺，吾儒之所謂性者理，得失之際無待言矣。然人物之生莫不有此理，亦莫不有此覺。以理言之，伯子所謂「不獨人爾，物皆然」是也。以覺言之，「蠢動含靈」與佛容有異乎？凡伯子之言前後不同者，似此絶少。愚是用反覆推究，以求歸於至一云。

國初，深於理學者殊未多見，禪學中却儘有人。儒道之不融，雖則有數存焉，吾人不得不任其責也。當時宋潛溪爲文臣之首，文章議論施於朝廷而達之天下者，何可勝述？然觀其一生受用，無非禪學而已。以彼之聰明博洽，使於吾道誠加之意，由博而約，當有必至之理，其所成就，豈不偉然爲一代之鉅儒哉！棄周鼎而寶康瓠，吾不能不深爲潛溪惜也。

禪學畢竟淺。若於吾道有見，復取其説而詳究之，毫髮無所逃矣。

朱、陸之異同，雖非後學所敢輕議，然置而弗辨，將莫知所適從，於辨宜有不容已者。辨之弗明而弗措焉，必有時而明矣，豈可避輕議儒先之咎，含胡兩可以厚誣天下後世之人哉！夫斯道之弗明於天下，凡以禪學混之也。其初不過毫釐之差，其究奚啻千萬里之遠？然爲禪學者，既安於其陋，了不知吾道之爲何物。爲道學者，或未嘗通乎禪學之本末，亦無由真知其所以異於吾道者果何在也。嘗考兩程子、張子、朱子早歲皆嘗學禪，亦皆能究其底蘊，及於吾道有得，始大悟禪學之非而盡棄之。非徒棄之而已，力排痛闢，閔閔焉惟恐人之陷溺於其中而莫能自振，以重爲吾道之累。凡其排闢之語，皆有以洞見其肺腑而深中其膏肓之病，初非出於揣摩臆度之私也。故朱子目象山爲禪學，蓋其見之審矣，豈嘗有所嫌忌，必欲文致其罪而故加之以是名哉？　愚自受學以來，知有聖賢之訓而已，初不知所謂禪者何也。　及官京師，偶逢一老僧，漫問何由成佛，渠亦漫舉禪語爲答，云：「佛在庭前柏樹子。」愚意其必有所謂，爲之精思達旦。　攬衣將起，則恍然而悟，不覺流汗通體。　既而得禪家《證道歌》一編，讀之如合符節，自以爲至奇至妙，天下之理莫或加焉。　後官南雍，則聖賢之書未嘗一日去手，潛玩久之，漸覺就實，始知前所見者乃此心虛靈之妙，而非性之理也。　自此研磨體認，日復一日，積數十年，用心甚苦，年垂六十，始了然有見乎心性之真，而確乎有以自信。　朱、陸之學，於是乎僅能辨之，良亦鈍矣。　蓋嘗徧閱象山之書，大抵皆明心之説，其自謂所學「因讀《孟子》而自得之」。　時有議之者云：「除了『先立乎其大者』一句，全無伎倆。」其亦以爲誠然。　然愚觀孟子之言與象山之學自别，於此而不能辨，非惟不識象山，亦不識孟子矣。　孟子云：「耳目之官不思而蔽於物，物交物則引之而已矣。心之官則思，思則得之，不思則不得也。　此天之所以與我者。　先立乎其大者，則其小者不能奪也。」一段言語甚是分明，所貴乎先立其大者何？　以其能思也。　能思者心，所思而得者性之理也。　是則孟子喫緊爲人處，不出乎「思」之一言。　故他日又云：「仁義禮智，非由外鑠我也，我固有之也，弗思耳矣。」而象山之教學者，顧以爲「此心但存，則此理自明。　當惻隱處自惻隱，當羞惡處自羞惡，當辭遜處自辭遜。　是非在前，自能辨之」。　又云：「當寬裕温柔自寬裕温柔，當發强剛毅自發强剛毅。」若然，則無所用乎思矣，非孟子「先立乎其大」者之本旨也。　夫不思而得，乃聖人分上事，所謂「生而知之者」，而豈學者之所及哉！　苟學而不思，此理終無由而得。　凡其當如此自如此者，雖或有出於靈覺之妙，而輕重長短，類皆無所取中，非過焉斯不及矣。遂乃執靈覺以爲至道，謂非禪學而何？蓋心性至爲難明，象山之誤正在於此，故其發明心要，動輒數十百言，亹亹不倦，而言及於性者絶少。間因學者有問，不得已而言之，止是枝梧籠罩過，並無實落，良由所見不的，是以不得於言也。嘗考其言有云「心即理也」，然則性果何物耶？又云「在天者爲性，在人者爲心」，然則性果不在人耶？既不知性之爲性，舍靈覺即無以爲道矣，謂之禪學，夫復何疑！然或者見象山所與王順伯書，未必不以爲禪學非其所取，殊不知象山陽避其名而陰用其實也。何以明之？蓋書中但言兩家之教所從起者不同，初未嘗顯言其道之有異，豈非以儒佛無二道，惟其主於經世則遂爲公、爲義、爲儒者之學乎！所謂「陰用其實」者，此也。或者又見象山亦嘗言致思，亦嘗言格物，亦嘗言窮理，未必不以爲無背於聖門之訓，殊不知言雖是而所指則非。如云：「『格物致知』者，格此物，致此知也。『窮理』者，窮此理也。『思則得之』，得此者也。『先立乎其大者』，立此者也。」固皆本之經傳，然以「立此者也」一語證之，則凡所謂「此」者，皆指心而言也。聖經之所謂格物窮理，果指心乎？故其廣引博證，無非以曲成其明心之説。求之聖賢本旨，竟乖戾而不合也。或猶不以爲然，請復實之以事。有楊簡者，象山之高第弟子也，嘗發「本心」之問，遂於象山言下，「忽省此心之清明，忽省此心之無始末，忽省此心之無所不通」。有詹阜民者，從游象山，安坐瞑目，用力操存，如此者半月。一日下樓，忽覺此心已復澄瑩，象山目逆而視之曰：「此理已顯也。」蓋惟禪家有此機軸，試觀孔、曾、思、孟之相授受，曾有一言似此否乎？其證佐之分明，脉路之端的，雖有善辨，殆不能爲之出脱矣。蓋二子者之所見即愚往年所見之光景，愚是以能知其誤而究言之，不敢爲含胡兩可之詞也。嗟夫！象山以英邁絶人之資，遇高明正直之友，使能虛心易氣，舍短取長，以求歸于至當，即其所至，何可當也！顧乃眩於光景之奇特，而忽於義理之精微，向道雖勤而朔南莫辨，至於没齒，曾莫知其所以生者，不亦可哀也夫！其説之傳，至於今未泯，尊崇而信奉之者，時復有見於天下。杜牧之有云：「亦使後人而復哀後人也。」愚惕然有感乎斯言，是故不容於不辨。

程子曰：「聖賢千言萬語只是欲人將已放之心約之使反，復入身來，自能尋向上去，下學而上達也。」嘗見席文同《鳴冤録提綱》有云：「孟子之言，程子得之。程子之後，陸子得之。」然所引程子之言，只到「復入身來」而止。最緊要是「自能尋向上去，下學而上達」二語，却裁去不用，果何説耶？似此之見，非惟無以直象山之冤，正恐不免冤屈程子也。

程子言「性即理也」，象山言「心即理也」，至當歸一，精義無二，此是則彼非，彼是則此非，安可不明辨之！昔吾夫子贊《易》，言性屢矣，曰「乾道變化，各正性命」，曰「成之者性」，曰「聖人作《易》，以順性命之理」，曰「窮理盡性以至於命」，但詳味此數言，「性即理也」明矣。於心亦屢言之，曰「聖人以此洗心」，曰「易其心而後語」，曰「能説諸心」。夫心而曰「洗」，曰「易」，曰「説」，洗心而曰「以此」，試詳味此數語，謂「心即理」也，其可通乎？且孟子嘗言：「理義之悦我心，猶芻豢之悦我口。」尤爲明白易見。故學而不取證於經書，一切師心自用，未有不自誤者也。自誤已不可，况誤人乎！

象山言：「孔子十五而志於學，是已知道時矣，雖有所知，未免乍出乍入，乍明乍晦，或警或縱，或作或輟。至三十而立，則無出入、明晦、警縱、作輟之分矣，然於事物之間，未能灼然分明見得。至四十始不惑。」夫其初志於學也，即已名爲「知道」，緣何既立之後，於事物之間見得猶未分明？然則所已知者果何道？所未見者果何物耶？豈非以知存此心即爲知道耶？然象山固嘗有言「但此心之存，則此理自明」，以聖人之資，猶待二十五年之久方能灼然有見，則其言亦不副矣。且所知所見各爲一物，吾聖人之學安有是哉？愚非敢輕議儒先，不直則道不見，有罪我者，固不得而辭也。

吴康齋之志於道，可謂專且勤矣。其所得之淺深無所考見，觀其辭官後疏陳十事，皆組織聖賢成説，殊無統紀，求之孟子反約之旨，得無有未至乎？其辭官一節，真足以廉頑立懦。察其初意，亦非以不屈爲高，蓋欲少需歲時有所獻納，觀其合否以爲去就之決也。但當時事體殊常，形勢多阻，淺深之際斟酌爲難，諸老所以不復堅留，其或有見。而康齋之決去，所得亦已多矣。《謇齋瑣綴録》記康齋晚年一二事，雖未必誣，然好學如康齋，節操如康齋，何可多得？取其大而略其細，固君子之道也。

薛文清《讀書録》甚有體認工夫，見得到處儘到。區區所見，蓋有不期而合者矣，然亦有未能盡合處，信乎歸一之難也。《録》中有云「理氣無縫隙，故曰器亦道，道亦器」，其言當矣。至於反覆證明「氣有聚散，理無聚散」之説，愚則不能無疑。夫一有一無，其爲縫隙也大矣，安得謂之「器亦道，道亦器」耶？蓋文清之於理氣，亦始終認爲二物，故其言未免時有窒礙也。夫理精深微妙，至爲難言，苟毫髮失真，雖欲免於窒礙而不可得，故吾夫子有「精義入神」之訓。至於入神，則無往而不通矣。此非愚所能及，然心思則既竭焉。嘗竊以爲，氣之聚便是聚之理，氣之散便是散之理，惟其有聚有散，是乃所謂理也。推之造化之消長，事物之終始，莫不皆然。如此言之，自是分明，並無窒礙，雖欲尋其縫隙，了不可得矣。不識知言之君子以爲何如？

薛文清學識純正，踐履篤實，出處進退惟義之安。其言雖間有可疑，然察其所至，少見有能及之者，可謂君子儒矣。

《讀書録》有云：「韓魏公、范文正諸公皆一片忠誠爲國之心，故其事業顯著而名望孚動於天下。後世之人以私意小智自持其身，而欲事業名譽比擬前賢，難矣哉！」其言甚當。薛文清蓋有此心，非徒能爲此言而已。大抵能主忠信以爲學，則必有忠誠以事君。事君之忠，當素定於爲學之日。

近世道學之倡，陳白沙不爲無力，而學術之誤，亦恐自白沙始。「至無而動，至近而神」，此白沙自得之妙也。愚前所謂「徒見夫至神者，遂以爲道在是矣，而深之不能極，而幾之不能研」，雖不爲白沙而發，而白沙之病正恐在此。章楓山嘗爲余言其爲學本末，固以禪學目之。胡敬齋攻之尤力，其言皆有所據。公論之在天下，有不可得而誣者矣。

丘文莊公雅不喜陳白沙，《大學衍義》中有一處譏議異學，似乎爲白沙發也。然公之文學固足以名世，而未有以深服白沙之心。其卒也，白沙祭之以文，意殊不滿，此殆程子所謂「克己最難」者也。

胡敬齋大類尹和靖，皆是一「敬」字做成。《居業録》中言「敬」最詳，蓋所謂身有之，故言之親切而有味也。然亦儘窮理，但似乎欠透。如云「氣乃理之所爲」，又云「人之道乃仁義之所爲」，又云「所以爲是太和者道也」，又云「有理而後有氣」，又云「易即道之所爲」，但熟讀《繫辭傳》，其説之合否自見。

蓋朱子雖認理氣爲二物，然其言極有開闔，有照應。後來承用者，思慮皆莫之及，是以失之。若余子積之《性書》，則其甚焉者也。《性書》有云：「氣嘗能輔理之美矣，理豈不救氣之衰乎？」余偶爲着一語云：「不謂理氣交相爲賜如此！」

胡敬齋力攻禪學，蓋有志於閑聖道者也，但於禪學本末似乎未嘗深究，動以想像二字斷之，安能得其心服耶？蓋吾儒之有得者固是實見，禪學之有得者亦是實見，但所見者不同，是非得失遂於此乎判爾。彼之所見乃虚靈知覺之妙，亦自分明脱洒，未可以想像疑之。然其一見之餘，萬事皆畢，卷舒作用，無不自由，是以猖狂妄行而終不可與入堯舜之道也。愚所謂「有見於心，無見於性」，當爲不易之論。使誠有見乎性命之理，自不至於猖狂妄行矣。蓋心性至爲難明，是以多誤，謂之兩物又非兩物，謂之一物又非一物。除却心即無性，除却性即無心，惟就一物中分剖得兩物出來，方可謂之知性。學未至於知性，天下之言未易知也。

《居業録》云：「婁克貞見搬木之人得法，便説他是道。此與『運水搬柴』相似，指知覺運動爲性，故如此説。夫道固無所不在，必其合乎義理而無私，乃可爲道，豈搬木者所能？設使能之，亦是儒者事矣。其心必以爲無適而非道，然所搬之木苟不合義，亦可謂之道乎？」愚讀此條，不覺慨然興歎，以爲義理之未易窮也。夫法者，道之別名。凡事莫不有法，苟得其法，即爲合理，是即道也。搬木者固不知道爲何物，但據此一事，自是暗合道妙，與「夫婦之愚不肖，與知能行」一也。道固無所不在，若搬木得法而不謂之道，得無有空缺處邪？木所從來或有非義，此其責在主者，夫豈搬者之過邪？若搬者即主，則其得法處自是道，得之非義自是非道，顧可舉一而廢百邪？禪家所言「運水搬柴，無非妙用」，蓋但以能搬能運者即爲至道，初不問其得法與否，此其所以與吾儒異也。克貞雖是禪學，然此言却不差，敬齋乃從而譏之，過矣。

王伯安學術具在《傳習録》中。觀其與蕭惠及陸原静答問數章，可謂「吾無隱乎爾」。《録》中千言萬語，無非是物而變動不居，故驟而讀之者，或未必能知其落着也。原静却善問，儘會思索，第未知後來契合何如。

嘗得湛元明所著書數種，觀其詞氣格力，甚類楊子雲，蓋欲成一家言爾。然元明自處甚高，自負甚大，子雲豈其所屑爲哉！區區之見，多有未合，恨無由相與細講以歸于至一。姑記其一二如左。

「一陰一陽之謂道」，吾夫子贊《易》語也。元明云：「自其一陰一陽之中者謂之道。」然則聖人之言，亦容有欠缺處邪？殆不然矣！

《易》卦三百八十四爻，中正備者六十有四，中而不正者亦六十有四，正而不中者百二十有八，不中不正者亦百二十有八。元明云：「吾觀於《大易》，而知道器之不可以二也。爻之陰陽剛柔，器也。得其中正焉，道也。」其説「器」字甚明，然但以得其中正者爲道，不過六十四爻而已，餘爻三百二十以爲非道，則道器不容於不二矣。如以爲道，則固未嘗得其中正也，不識元明果何以處之邪？

元明言「犬牛之性，非天地之性」，即不知犬牛何從得此性來？天地間須是二本方可。所謂理一者，須就分殊上見得來方是真切。佛家所見亦成一片，緣始終不知有分殊，此其所以似是而非也。其亦嘗有言「不可籠統真如，瞞旰佛性」，大要以警夫頑空者爾，於分殊之義初無干涉也。其既以事爲障，又以理爲障，直欲掃除二障乃爲至道，安得不爲籠統瞞旰乎？陳白沙謂林緝熙曰：「斯理無一處不到，無一息不運，得此欛柄入手，更有何事？」其說甚詳。末乃云：「自兹以往，更有分殊處合要理會。」夫猶未嘗理會分殊，而先已「得此欛柄」，愚恐其未免於籠統瞞旰也。况其理會分殊工夫，求之所以自學，所以教人，皆無實事可見，得非欲稍自別於禪學而姑爲是言邪？湛元明爲作改葬墓碑，并「合要理會」一句亦不用，其平日之心傳口授，必有在矣。

《白沙詩教》開卷第一章，❶乃其病革時所作，以示元明者也。所舉經書曾不過一二語而遂及於禪家之杖喝。何邪？殆熟處難忘也。所云「莫杖莫喝」，只是掀翻說，蓋一悟之後則萬法皆空，有學無學，有覺無覺，其妙旨固如此。「金針」之譬，亦出佛氏，以喻心法也。「誰掇」云者，殆以領悟者之鮮其人，而深屬意於元明耳。觀乎「莫道金針不傳與，江門風月釣臺深」之句，其意可見。註乃謂「深明正學，以闢釋氏之非」，豈其然乎？「溥博淵泉而時出之」，道理自然，語意亦自然，曰「藏而後發」，便有作弄之意，未可同年而語也。四端在我，無時無處而不發見，知皆擴而充之，即是實地上工夫。今乃欲於「静中養出端倪」，既一味静坐，事物不交，善端何緣發見？遏伏之久，或者忽然有見，不過虛靈之光景耳。「朝聞夕死」之訓，吾夫子所以示人當汲汲於謀道，庶幾無負此生，故程子申其義云：「聞

---

❶「開」，原作「間」，據嘉靖本、四庫本改。

道，知所以爲人也。夕死可矣，是不虛生也。」今顧以此言爲處老處病處死之道，不幾於侮聖言者乎？道乃天地萬物公共之理，非有我之所得私。聖賢經書明若日星，何嘗有一言以道爲吾爲我？惟佛氏妄誕，乃曰：「天上天下，惟我獨尊。」今其詩有云「無窮吾亦在」，又云「玉臺形我我何形？」「吾」也，「我」也，註皆指爲「道」也，是果安所本邪？然則所謂「纔覺便我大而物小，物有盡而我無盡」，正是惟我獨尊之説。姑自成一家可矣，必欲强合於吾聖人之道，難矣哉！

楊方震《復余子積書》有云：「若論一，則不徒理一，而氣亦一也。若論萬，則不徒氣萬，而理亦萬也。」此言甚當，但「亦」字稍覺未安。

人呼吸之氣，即天地之氣。自形體而觀，若有内外之分，其實一氣之往來爾。程子云：「天人本無二，不必言合。」即氣即理皆然。

蔡介夫《中庸蒙引》論鬼神數段極精。其一生做窮理工夫，且能力行所學，蓋儒林中之傑出者。

《老子》五千言，諸丹經莫不祖之。詳其首尾，殊未見其有不合者。然則長生久視之道，當出於《老子》無疑矣。

魏伯陽《參同契》將六十四卦翻出許多説話，直是巧，其實一字也無所用，故有教外别傳之説。後來張平叔説得亦自分明，所謂「工夫容易藥非遥，説破人須失笑」是已。使吾朱子灼知其爲可笑，其肯留意於此乎？然朱子之考訂此書，與註《楚辭》一意，蓋當其時，其所感者深矣，吾黨尤不可不知。

《參同契》有彭曉、陳顯微、儲華谷、陰真人、俞琰、陳致虛六家註，皆能得其微旨。内俞註最佳，次則二陳。陰註似乎意未盡達，蓋秘之也。儲註甚簡，中間却有眼目。彭註亦未甚明。又有無名氏二家註，一家專言内事，一家以傅會鑪火之術，失之遠矣。俞有《易外别傳》一卷，亦佳，其言大抵明備而含蓄，此所以優於他註也。

讀《參同契發揮》，到「蟾蜍與兔魄，日月無雙明」下方出「呼吸」二字。要之，金丹作用之妙不出「呼吸」二字而已，如不識此二字之爲妙，皆惑於他岐者也。

仙家妙旨，無出《參同契》一書，然須讀《悟真篇》首尾貫通而無所遺，方是究竟處也。《悟真篇》本是發明仙家事，末乃致意於禪，其必有説矣。然使真能到得究竟處，果何用乎？

神仙之説，自昔聰明之士鮮不慕之。以愚之愚，早亦嘗究心焉，後方識破，故詳舉以爲吾黨告也。天地間果有不死之物，是爲無造化矣，誠知此理，更不必枉用其心。如其信不能及，必欲僥倖於萬一，載胥及溺，當誰咎哉？

嘗閲佛書數種，姑就其所見而論之。《金剛經》、《心經》可爲簡盡。《圓覺》詞意稍複。《法華》緊要指示處，纔十二三，餘皆閒言語耳，且多誕謾。達磨雖不立文字，直指人心，見性成佛，然後來説話不勝其多，亦嘗略究其始終。其教人發心之初，無真非妄，故云「若見諸相非相，即見如來」。悟入之後，則無妄非真，故云「無明、真如無異境界」。雖頓、漸各持一説，大抵首尾衡決，真妄不分，真詖淫邪遁之尤者。如有聖王出，韓子火攻之策其必在所取夫！

朱子嘗答《金剛經》大意之問，有云：「彼所謂降伏者，非謂欲遏伏此心，謂盡降收世間衆生之心，入它無餘涅槃中滅度，都教你無心了方是。」此恐未然，詳其語意，只是就發阿耨多羅三藐三菩提心者説，盖欲盡滅諸相，乃見其所謂空者耳。

《法華經·如來壽量品》所云「成佛以來，甚大久遠，壽命無量，常住不滅。雖不實滅而言滅度，以是方便教化衆生」，此經中切要處，諸佛如來秘密之藏不過如此。閒言語居其大半，可厭。《分別功德品》偈中所説「若布施、若持戒、若忍辱、若精進、若禪定五波羅蜜，皆謂之功德」。及云「有善男女等，聞我説壽命，乃至一念信，其福過於彼」，盖於雖滅不滅之語，若信得及即是實見，是爲第一般若多羅蜜，其功德不可思議，以前五者功德比此，千萬億分不及其一。其實只争悟與未悟而已。

事、理二障，出《圓覺經》，其失無逃於程子之論矣。《經》有草堂僧宗密《疏略》，未及見，但見其所自序及裴休一序，説得佛家道理亦自分明，要皆只是説心遂認以爲性，終不知性是何物也。此經文法圓熟，照應分明，頗疑翻譯者有所潤色。大抵佛經皆出翻譯者之手，非盡當時本文，但隨其才識以爲淺深工拙焉耳。

《中庸》舉「鳶飛戾天，魚躍于淵」二語而申之云：「言其上下察也。」佛家亦嘗有言：「青青翠竹，盡是真如。鬱鬱黄花，無非般若。」語意絶相似，只是不同。若能識其所以不同，自不爲其所惑矣。

朱子嘗論及釋氏之學，大抵謂「若識得透，應干罪惡即都無了。然則此一種學，在世上乃亂臣賊子之三窟耳」。所舉王履道者，愚未及詳考其人，但嘗驗之邢恕，明辨有才而復染禪學，後來遂無所不爲。吁，可畏哉！

困知記續卷上

凡八十章

異端之説，自古有之，考其爲害，莫有過於佛氏者矣。佛法初入中國，惟以生死輪迴之説動人。人之情莫不貪生而惡死，苟可以免輪迴，出生死，安得不惟其言之聽？既有求於彼，則彼之遺君親，滅種類，凡得罪於名教者，勢不得不姑置之，然吾儒之信之者猶鮮也。其後有達磨者至，直指人心，見性成佛，以爲一聞千悟，神通自在，不可思議，則其説之玄妙，迥非前日比矣，於是高明者亦惑焉。惑及於高明，則其害不可勝救者矣。何哉？蓋高明之士，其精神意氣足以建立門户，其聰明才辨足以張大説辭。既以其道爲至，則取自古帝王精一執中之傳，孔門一貫忠恕之旨，克己爲仁之訓，《大學》致知格物之教，《中庸》性道中和之義，孟子知言養氣、盡心知性之説，一切皆以其説亂之。真妄混淆，學者茫然莫知所適，一入其陷穽，鮮復能有以自拔者，故内之無以立大中至正之本，外之無以達經世宰物之用，教衰而俗敗，不但可爲長太息而已。向非兩程子、張子、朱子身任斯道，協心并力以排斥之，吾人之不變於夷者能幾何哉？惟數君子道德之充備，學術之純深，辨論之明確，自孟子而後莫或過之，故其言一出，聰明豪傑之士靡不心服，近者親而炙之，遠者聞風而起，相與爲之羽翼以推行其説於天下者，繩繩不乏。迨我聖祖出，位隆君師，興學育才，一以五經、四書及數君子之説爲教，則主張斯道者又誠有所賴矣。故自朱子没迄今三四百年，天下之士非聖賢之學不講，而所謂禪學者以之滅息，是豈一人一日之力哉？夫何近世以來，乃復潛有衣鉢之傳，而外假於道學以文其説？初學之士既莫能明乎心性之辨，世之老師宿儒又往往不屑究心於所謂禪者，故其説之興，能救正者殊鮮而從之者寔繁有徒。其志將以求道也，曾不知其所求之非道也，豈不誤哉？愚也才質凡下，於數君子無能爲役，但以初未學禪而偶嘗有悟，從事於吾儒之學也久，而性命之理亦粗若有見焉，故於異同之際頗能辨别。雖嘗著之於策，傳之吾黨，庶幾愛助之萬一。時復披閲，則猶病其説之未詳，懼無以解夫人之惑也，《記》於是乎有續云。

佛氏之所謂性，覺而已矣。其所謂覺，不出乎見聞知覺而已矣。然又有謂「法離見聞覺知」者，豈見聞知覺之外别有所謂覺邪？良由迷悟之不同爾。後來其徒之桀黠者，因而造妖揑怪，百般作弄，神出鬼没，以逞其伎倆而聳動人之聽聞。秖爲衆人皆在迷中，不妨東説西説，謂莫能與之明辨也。今須據他策子上言語反覆異同處，一一窮究以見其所謂性者，果不出於見聞知覺，别無妙理，然後吾儒之性理可得而明。有如士師之折獄，兩造具備，精加研覈，必無以隱其情矣。其情既得，則是非之判有如黑白，至此而猶以非爲是，不幾於無是非之心者乎？

達磨者，禪家之初祖也。其傳法二祖時，嘗謂之曰：「吾觀震旦所有經教，惟《楞伽》四卷可以印心。」遂併授之。自後其徒皆尊信此經，以爲祕典，則今所宜按據以窮究其所謂性者，無出此經。此經凡四譯，四卷者乃劉宋時譯本，其文頗奥澁難讀，當出自佛口無疑。國初，高僧宗泐、如玘嘗奉詔註釋，參以唐本，亦頗明白，但經中言語初無次第，散漫不一，觀者猝難理會。今輒聯比而貫通之，以究極其歸趣。遇奥澁處，間亦附入註語以暢其義。高明之士有深於其説者，當知余言之不妄也。

《楞伽》大旨有四，曰「五法」，曰「三自性」，曰「八識」，曰「二無我」。一切佛法，悉入其中，經中明言之矣。「五法」者，名也、相也、妄想也、正智也、如如也。「三自性」者，妄想自性、緣起自性、成自性也。「八識」者，識藏也、意根、意識、眼識、耳識、鼻識、舌識、身識也。「二無我」者，人無我、法無我也。凡此諸法，不出迷悟兩途。蓋迷則爲名、爲相、爲妄想、爲妄想緣起自性、爲人法二執，而識藏轉爲諸識；悟則爲正智、爲如如、爲成自性、爲人法無我，而諸識轉爲真識。所謂人法，則五陰、十二入、十八界是已。五陰者，色、受、想、行、識也。十二入者，眼、耳、鼻、舌、身、意六根對色、聲、香、味、觸、法六塵也，加之六識，是爲十八界。合而言之，人也；析而言之，法也。有所覺之謂悟，無所覺之謂迷。佛者，覺也，而覺有二義，有始覺，有本覺。始覺者，目前悟入之覺，即所謂正智也，即人而言之也。本覺者，常住不動之覺，即所謂如如也，離人而言之也。因始覺而合本覺，所以成佛之道也。及其至也，始覺、正智亦泯，而本覺朗然獨存，則佛果成矣。故佛有十號，其一曰「等正覺」，此之謂也。本覺乃見聞知覺之體，五陰之識屬焉。見聞知覺乃本覺之用，十八界之識屬焉。非本覺即無以爲見聞知覺，舍見聞知覺則亦無本覺矣，故曰：「如來於陰、界、入，非異非不異。」其謂「法離見聞覺知」者何？懼其着也。佛以離情遺着，然後可以入道，故欲人於見聞知覺一切離之。離之云者，非不見不聞無知無覺也，不着於見聞知覺而已矣。《金剛經》所謂「心不住法而行布施，應無所住而生清浄心」，即其義也。然則佛氏之所謂性，不亦明甚矣乎？彼明以知覺爲性，始終不知性之爲理，乃欲强合於吾儒以爲一道，如之何其可合也？昔達磨弟子波羅提嘗言「作用是性」，有偈云：「在胎爲身，處世爲人。在眼曰見，在耳曰聞。在鼻辨香，在口談論。在手執捉，在足運奔。徧現俱該沙界，收攝在一微塵。識者知是佛性，不識喚作精魂。」識與不識，即迷、悟之謂也。「知是佛性」，即所謂正智、如如。「喚作精魂」，即所謂名相、妄想。此偈自是真實語，後來桀黠者出，嫌其淺近，乃人人捏出一般鬼怪説話，直是玄妙，直是奇特，以利心求者，安得不爲其所動乎？張子所謂「詖淫邪遁之辭，翕然並興，一出於佛氏之門」，誠知言矣。然造妖捏怪不止其徒，但嘗略中其毒者，往往便能如此，吾黨尤不可不知。

《楞伽》四卷，卷首皆云「一切佛語心品」，良以萬法唯識，諸識唯心，種種差别不出心識而已，故經中之言識也特詳。第一卷首言「諸識有二種生、住、滅」，謂流注生、住、滅，相生、住、滅。次言「諸識有三種相，謂轉相、業相、真相」。又云：「略説有三種識，廣説有八相。何等爲三？謂真識、現識及分别事識。」又云：「若覆彼真識，種種不實諸虚妄滅，則一切根識滅，是名相滅。」又云：「轉識、藏識真相若異者，藏識非因；若不異者，轉識滅，藏識亦應滅，而自真實相不滅。非自真實相滅，但業相滅。若自真實相滅者，藏識則滅。藏識滅者，不異外道斷見論議。」又破外道斷見云：「若識流注滅者，無始流注應斷。」又云：「水流處，藏識、轉識浪生。」又云：「外境界風飄蕩，心海識浪不斷。」又偈云：「藏識海常住，境界風所動。種種諸識浪，騰躍而轉生。」又偈云：「凡夫無智慧，藏識如巨海，業相猶波浪，依彼譬類通。」第二卷有云：「一切自性習氣、藏意意識習見轉變，名爲涅槃。」註云：「自性習氣，謂衆生心識性執，熏習氣分。藏意意識者，即藏識與事識，由愛見妄想之所熏習。轉變者，謂轉藏識、事識爲自覺聖智境界也。」有云：「識者，因樂種種跡境界故，餘趣相續。」有云：「外道四種涅槃，非我所説法。我所説者，妄想識滅，名爲涅槃。」有云：「意識者，境界分段計着生，習氣長養藏識意俱。我我所計着，思惟因緣生。不壞身相藏識，因攀緣自心現境界，計着心聚生。展轉相因，譬如海浪，自心現境界風吹，若生若滅亦如是。是故意識滅，七識亦滅。」註云：「境界分段者，六識從六塵生也。習氣長養者，言六識不離七識、八識也。我我所計着者，言七識我執，從思惟彼因彼緣而生。不壞身相藏識，即第八識。謂此八識因於六識能緣，還緣自心所現境界，以計着故，而生六識，能總諸心，故云心聚生也。展轉相因者，八識轉生諸識，六識起善起惡，七識則傳送其間。海喻八識，浪喻六識。以六塵爲境界風，境界乃自心所現，還吹八識心海，轉生諸識。若生若滅，亦猶依海而有風，因風而鼓浪，風息則浪滅。故云意識滅，七識亦滅也。」又偈云：「心縛於境界，覺想智隨轉。無所有及勝，平等智慧生。」註云：「現前一念爲塵境所轉，故有業縛，而本有覺智亦隨妄而轉。若了妄即真，離諸有相，及至佛地，則復平等大慧矣。」第三卷有云：「彼生滅者是識，不生不滅者是智。墮相、無相及墮有無種種相因是識，超有無相是智。長養相是識，非長養相是智。」又云：「無礙相是智，境界種種礙相是識。三事和合生方便相是識，無事方便自性相是智。得相是識，不得相是智。自得聖智境界，不出不入，如水中月。」註云：「根、塵及我和合，相應而生是識，此不知自性相故。若知性相，則一念靈知，不假緣生，故云無事方便自性相是智。相惟是一，而有離不離之異，故云得不得也。」又偈云：「心意及與識，遠離思惟想。得無思想法，佛子非聲聞。寂静勝進忍，如來清浄智。生於善勝義，所行悉遠離。」註云：「得無思想法，則轉識爲智。此是菩薩而非聲聞，智之始也。寂静勝進忍，即如來清浄忍智，智之終也。」第四卷有云：「如來之藏，是善不善因，能偏興造一切趣生，譬如伎兒變現，諸趣離我我所，不覺彼故，三緣和合，方便而生。外道不覺，計着作者，爲無始虚僞惡習所熏，名爲識藏，生無明住地，與七識俱，如海浪身，常生不斷。離無常過，離於我論。自性無垢，畢竟清浄。」「常生不斷」以上註云：「此隨染緣，從細至粗也。若能一念回光，能隨浄緣，則離無常之過，二我之執，自性清浄，所謂性德如來則究顯矣。」有云：「菩薩摩訶薩，欲求勝進者，當浄如來藏及識藏名。若無識藏名，如來藏者，則無生滅。」註云：「識藏以名言者，由迷如來藏轉成妄識，無有别體，故但有名。若無識藏之名，則轉妄識爲如來藏也。」有云：「彼相者，眼識所照，名爲色；耳、鼻、舌、身、意，意識所照，名爲聲、香、味、觸、法，是名爲相。妄想者，施設衆名，顯示諸相，如此不異，象、馬、車、步、男、女等名，是名妄想。正智者，彼名相不可得，猶如過客，諸識不生，不斷不常，不墮一切外道聲聞緣覺之地。以此正智不立名相，非不立名相，離二見、建立及誹謗，知名相不生，是名如如。」有云：「善不善者，謂八識。何等謂八？謂如來藏名識藏、心意、意識及五識身，非外道所説。五識身者，心意、意識俱。善不善相，展轉變壞，相續流注。不壞身生，亦生亦滅，不覺自心現，次第滅，餘識生。形相差别，攝受意識、五識俱相應生，刹那時不住。」註云：「不壞者，不斷也。攝受意識者，以五根攬五塵，攝歸意識，起善起惡。」有云：「愚夫依七識身滅，起斷見；不覺識藏故，起常見。自妄想故，不知本際。自妄想慧滅故解脱。」註云：「愚夫所知，極於七識，七識之外無所知故，因起斷見。而不覺識藏無盡，見其念念相續故，起常見。由其自妄想，内而不及外故，不能知本際。然妄不自滅，必由慧而滅也。」又偈云：「意識之所起，識宅意所住。意及眼識等，斷滅説無常。或作涅槃見，而爲説常住。」註云：「意由八識而起，而八識意之所住，故謂之爲宅。以是言之，自不容以七識身滅而起斷見。彼又於意及眼識等斷滅處説無常。或作涅槃見者，此皆凡外自妄想見，故不知本際，如來爲是説常住也。」經中言識，首尾具於此矣。間有牽涉他文者，不暇盡録，然已不勝其多，亦無庸盡録爲也。其首之以「諸識有二種生、住、滅」，乃其所謂「生死根」也。終之以「識宅常住」，乃其所謂「涅槃相」也。然而「生死即涅槃，涅槃即生死」，此是佛家本語。初無二相，故諸識雖有種種名色，實無二體。但迷之則爲妄，悟之則爲真。苟能滅妄識而契真識，則有以超生死而證涅槃矣。真識即本覺也，涅槃即所覺之境界也。由此觀之，佛氏之所謂性，有出於知覺之外邪？雖其言反覆多端，窮其本末，不過如此。然驟而觀之者，或恐猶有所未達也，輒以藏識爲主，而分爲數類以盡其義。藏，即所謂如來藏也，以其含藏善惡種子，故謂之藏。其所以爲善爲惡，識而已矣，故曰「藏識」。藏識一爾，而有本有末。曰「真相」，曰「真識」，曰「真實相」，曰「無始流注」，曰「藏識海」，曰「涅槃」，曰「平等智慧」，曰「不生不滅」等是智。曰「如來清浄智」，曰「自性無垢，畢竟清浄」，曰「識宅」，曰「常住」，此爲一類，皆言乎其本體也。曰「流注生、住、滅，相生、住、滅」，曰「業相」，曰「分别事識」，曰「識浪」，曰「樂種種跡境界」，曰「意識」，曰「生滅」等是識。曰「識藏，生住地無明，與七識俱，如海浪身，常生不斷」，曰「識藏名」，曰「心意、意識及五識身」，曰「意及眼識等」，此爲一類，皆言乎其末流也。曰「轉相」，曰「現識」，曰「轉識」，曰「覺想智隨轉」，此爲一類，言乎本末之所由分也。其言及脩行處，又當自爲一類，如曰「諸虚妄滅則一切根識滅」，曰「見習轉變名爲涅槃」，曰「妄想識滅名爲涅槃」，曰「意識滅七識亦滅」，曰「無所有及勝」，曰「遠離思惟想」，曰「離無常過，離於我論」，曰「欲求勝進者，當浄如來藏及識藏名，若無識藏，名如來藏者，則無生滅」，曰「自妄想慧滅故解脱」，凡此皆言其脩行之法也。欲窮其説者，合此數類而詳玩之，則知余所謂「滅妄識而契真識」，誠有以得其要領矣。夫識者，人心之神明耳，而可認爲性乎！且其以本體爲真，末流爲妄，既分本末爲兩截，謂迷則真成妄，悟則妄即真，又混真妄爲一途。蓋所見既差，故其言七顛八倒，更無是處。吾黨之號爲聰明特達者，顧不免爲其所惑，豈不深可惜哉！

佛氏分本末爲兩截，混真妄爲一途，害道之甚無過於此。不可但如此説過，須究言之。夫以心識爲本，六識爲末，固其名之不可易者，然求其實，初非心識之外别有所謂六識也，又非以其本之一分而爲末之六也。蓋凡有所視則全體在目，有所聽則全體在耳，有所言則全體在口，有所動則全體在身，只就此四件説，取簡而易見爾。所謂感而遂通，便是此理。以此觀之，本末明是一物，豈可分而爲二，而以其半爲真，半爲妄哉！若夫真妄之不可混，則又可得而言矣。夫目之視，耳之聽，口之言，身之動，物雖未交而其理已具，是皆天命之自然，無假於安排造作，莫非真也。及乎感物而動，則有當視者，有不當視者,有當聽者,有不當聽者,有當言者,有不當言者,有當動者,有不當動者。凡其所當然者,即其自然之不可違者,故曰真也。所不當然者,則往往出於情欲之使然,故曰妄也。真者存之,妄者去之,以此治其身心,以此達諸家、國、天下,此吾儒所以立人極之道,而内外、本末無非一貫也。若如佛氏之說,則方其未悟之先,凡視聽言動不問其當然與不當然,一切皆謂之妄 ,及其既悟,又不問其當然與不當然,一切皆謂之真。吾不知何者在所當存乎,何者在所當去乎?當去者不去,當存者必不能存,人欲肆而天理滅矣。使其說肆行而莫之禁,中國之爲中國,人類之爲人類,將非幸歟!

《楞伽》四卷,並無一「理」字,註中却多用「理」字訓釋其説,盖本他經之文爾。嘗見《楞嚴》有云:「理則頓悟乘悟併銷。」《圓覺》有云:「一者理障,礙正知見;二者事障,續諸生死。」事、理二障,在《楞伽》但謂之惑障、智障爾,非逃儒歸佛者,誰能易之?雖其所用理字不過指知覺而言,初非吾儒所謂性命之理,然言之便足以亂真,不可不辨。

《傳習録》有云:「吾心之良知,即所謂天理也。」又云:「道心者,良知之謂也。」又云:「良知即是未發之中。」《雍語》有云:「學、問、思、辨、篤行,所以存養其知覺。」又有:「問『仁者以天地萬物爲一體』。答曰:『人能存得這一點生意,便是與天地萬物爲一體。』又問:『所謂生者即活動之意否,即所謂虚靈知覺否?』曰:『然。』」又曰:「性即人之生意。」此皆以知覺爲性之明驗也。

達磨所尊信者,惟《楞伽》。凡其切要之言,余既聯比而貫通之,頗爲論斷,以究極其歸趣,其所以異於吾儒者章章明矣。自達磨而下,其言之亂真者不少,欲一一與之辨明,未免失於繁冗,將一切置而不辨，又恐吾人嘗誤持其説以爲是者，其惑終莫之解也。乃雜取其一二尤近似者，别白而究言之。

達磨告梁武帝有云：「浄智妙圓，體自空寂。」只此八字，已盡佛性之形容矣。其後有神會者，嘗著《顯宗記》，反覆數百語，説得他家道理亦自分明。其中有云：「湛然常寂，應用無方。用而常空，空而常用。用而不有，即是真空。空而不無，便成妙有。妙有即摩訶般若，真空即清浄涅槃。」此言又足以發盡達磨「妙圓空寂」之旨。余嘗合而觀之，與《繫辭傳》所謂「寂然不動，感而遂通天下之故」，殆無異也。然孰知其所甚異者，正惟在於此乎！夫《易》之神，即人之心。程子嘗言：「心一也，有指體而言者，『寂然不動』是也；有指用而言者，『感而遂通』是也。」蓋吾儒以寂感言心，佛氏以寂感爲性，此其所爲甚異也。良由彼不知性爲至精之理，而以所謂神者當之，故其應用無方，雖不失圓通之妙，而高下無所準，輕重無所權，卒歸於冥行妄作而已矣，與吾儒之道，安可同年而語哉？

程子常言「仁者，渾然與物同體」，佛家亦有「心佛衆生，渾然齊致」之語，何其相似也！究而言之，其相遠奚啻燕、越哉！唐相裴休，深於禪學者也，嘗序《圓覺經疏》，首兩句云：「夫血氣之屬必有知，凡有知者必同體。」此即「心佛衆生，渾然齊致」之謂也。蓋其所齊同，不出乎知覺而已矣。且天地之間，萬物之衆，有所知者，有無知者，謂有知者爲同體，則無知者非異體乎？有同有異，是二本也。蓋以知覺爲性，其窒礙必至於此。若吾儒所見，則凡賦形於兩間者，同一陰陽之氣以成形，同一陰陽之理以爲性，有知無知，無非出於一本。故此身雖小，萬物雖多，其血氣之流通，脉絡之聯屬，元無絲毫空闕之處，無須臾間斷之時，此其所以爲渾然也。然則所謂同體者，亦豈待於採攬牽合以爲同哉？

夫程子之言，至言也，❶但恐讀者看得不子細，或認從知覺上去，則是援儒以助佛，非吾道之幸矣。

「有物先天地，無形本寂寥，能爲萬象主，不逐四時凋。」此詩乃高禪所作也。自吾儒觀之，昭然太極之義，夫復何言？然彼初未嘗知有陰陽，安知有所謂太極哉？此其所以大亂真也。今先據佛家言語解釋一番，使彼意既明且盡，再以吾儒言語解釋一番，然後明指其異同之實，則似是之非，有不難見者矣。以佛家之言爲據，則「無始菩提」，所謂「有物先天地」也；「湛然常寂」，所謂「無形本寂寥」也；「心生萬法」，所謂「能爲萬象主」也；「常住不滅」，所謂「不逐四時凋」也。作者之意，不亦明且盡乎？求之吾儒之書，「太極生兩儀」，是固先天地而立矣；「無聲無臭」，則無形不足言矣；「富有之謂大業」，萬象皆一體也；「日新之謂盛德」，萬古猶一時也。太極之義不亦明且盡乎？詩凡二十字，其十七字彼此意義無甚異同，不足深辨。所當辨者，三字爾，「物」也，「萬象」也。以物言之，菩提不可爲太極，明矣。以萬象言之，在彼經教中即萬法爾，以其皆生於心，故謂之能主，然所主者實不過陰、界、入。自此之外，仰而日月星辰，俯而山河大地，近而君臣、父子、兄弟、夫婦、朋友，遠而飛潛、動植、水火、金石，一切視以爲幻而空之矣，彼安得復有所謂萬象乎哉！爲此詩者，蓋嘗窺見儒書，遂竊取而用之爾。余於前《記》嘗有一説，正爲此等處，請復詳之。所謂「天地間非太極不神，然遂以太極爲神則不可」，此言殊未敢易。誠以太極之本體，動亦定，静亦定；神則動而能静，静而能動者也。以此分

---

❶ 自上段「而言者，『感而遂通』是也」至「至言也」凡三百六十四字，原闕，據嘉靖本、四庫本補。

明見得是二物，不可混而爲一，故《繫辭傳》既曰「一陰一陽之謂道」矣，而又曰「陰陽不測之謂神」，由其實不同，故其名不得不異，不然聖人何用兩言之哉？然其體則同一陰陽，所以難於領會也。佛氏初不識陰陽爲何物，固無由知所謂道、所謂神。但見得此心有一點之靈，求其體而不可得，則以爲空寂，推其用而徧於陰、界、入，則以爲神通。所謂「有物」者，此爾。以此爲性，萬無是處。而其言之亂真，乃有如此詩者，可無辨乎！然人心之神，即陰陽不測之神，初無二致。但神之在陰陽者，則萬古如一，在人心者，則與生死相爲存亡，所謂理一而分殊也。佛氏不足以及此矣，吾黨之士，盍相與精察之。

南陽慧忠破南方宗旨云：「若以見聞覺知是佛性者，《浄名》不應云：『法離見聞覺知。』若行見聞覺知，是則見聞覺知，非求法也。」南僧因問：「『《法華》了義，開佛知見』，此復何爲？」忠曰：「他云『開佛知見』，尚不言菩薩二乘，豈以衆生癡倒，便成佛之知見邪？」汾州無業有云：「見聞覺知之性與太虛齊壽，不生不滅。一切境界，本自空寂，無一法可得。迷者不了，即爲境惑。一爲境惑，流轉無窮。」此二人皆禪林之傑出者，其言皆見於《傳燈録》，何若是之不同邪？蓋無業是本分人，説本分話，慧忠則所謂神出鬼沒以逞其伎倆者也。彼見南方以見聞覺知爲性，便對其人捏出一般説話，務要高他一着，使之莫測。蓋桀黠者之情狀，每每如此。嘗見《金剛經》明有「是法平等，無有高下」之語。佛與衆生，固然迷悟不同，其知見之體即是平等，豈容有二？又嘗見《楞嚴》中有兩段語，其一，佛告波斯匿王云：「顏貌有變，見精不變。變者受滅，彼不變者元無生滅。」其二，因與阿難論聲聞，有云：「其形雖寐，聞性不昏。縱汝形銷，命光遷謝，此性云何爲汝銷滅？」此皆明以見聞爲性，與波羅提說相合。若《净名》，則緊要在一「離」字，余前章論之悉矣。先儒嘗言佛氏之辭善遁，便是此等處。《傳燈録》中似此儘多，究其淵源，則固出於瞿曇也。蓋瞿曇說法，常欲離四句，謂「一異，俱不俱，有無非有非無，常無常」。然而終有不能離者，如云「非異，非不異。非有，非無。非常，非無常」。只《楞伽》一經累累見之，此便是遁辭之根，若將「異」處窮着他，他便有「非異」一說；將「無常」窮着他，他便有「非無常」一說。自非灼然看得他破，只得聽他愚弄爾。

大慧禪師宗杲者，當宋南渡初，爲禪林之冠，有《語録》三十卷。頃嘗徧閲之，直是會說，左來右去，神出鬼没，所以能聳動一世。渠嘗拈出一段說話，正余所欲辨者，今具于左。僧問忠國師：「古德云：『青青翠竹，盡是法身。鬱鬱黄華，無非般若。』有人不許，云是邪說，亦有信者，云不思議，不知若爲？」國師曰：「此是普賢、文殊境界，非諸凡小而能信受，皆與大乘了義經合。故《華嚴經》云：『佛身充滿於法界，普現一切群生前，隨緣赴感，靡不周而恒處此菩提座。』翠竹既不出於法界，豈非法身乎？又《般若經》云：『色無邊，故般若亦無邊。』黄華既不越於色，豈非般若乎？深遠之言，不省者難爲措意。」又華嚴座主問大珠和尚云：「禪師何故不許『青青翠竹，盡是法身。鬱鬱黄華，無非般若』？」珠曰：「法身無像，應翠竹以成形。般若無知，對黄華而顯相。非彼黄華、翠竹，而有般若、法身。故經云：『佛真法身，猶若虚空，應物現形，如水中月。』黄華若是般若，般若即同無情。翠竹若是法身，翠竹還能應用？座主會麽？」曰：「不了此意。」珠曰：「若見性人，道是亦得，道不是亦得，隨用而説，不滯是非。若不見性人，説翠竹着翠竹，説黄華着黄華，説法身滯法身，説般若不識般若，所以皆成諍論。」宗杲云：「國師主張翠竹是法身，直主張到底。大珠破翠竹不是法身，直破到底。老漢將一箇主張底，一箇破底收作一處，更無拈提，不敢動着他一絲毫，要你學者具眼。」余於前《記》嘗舉「翠竹」、「黄華」二語，以謂與「鳶飛魚躍」之言「絶相似，只是不同」，欲吾人識其所以不同處，盖引而未發之意。今偶爲此異同之論所激，有不容不盡其言者矣。據慧忠分析語，與大珠「成形」、「顯相」二言，便是古德立言本旨。大珠所以不許之意，但以黄華、翠竹非有般若、法身爾。其曰「道是亦得」，即前「成形」、「顯相」二言；曰「道不是亦得」，即後「非彼有般若、法身」一言也。慧忠所引經語與大珠所引經語皆合，直是明白，更無餘藴。然則其與吾儒「鳶飛魚躍」之義所以不同者，果何在邪？誠以鳶、魚雖微，其性同一天命也。飛、躍雖殊，其道同一率性也。彼所謂般若、法身，在花、竹之身之外。吾所謂天命、率性，在鳶、魚之身之内。在内則是一物，在外便成二物。二則二本，一則一本，詎可同年而語哉？且天命之性，不獨鳶、魚有之，花、竹亦有之。程子所謂「一草一木亦皆有理，不可不察」者，正惟有見乎此也。佛氏秖緣認知覺爲性，所以於花、竹上便通不去，只得以爲法界中所現之物爾。《楞伽》以「四大種色，爲虚空所持」，《楞嚴》以「山河大地，咸是妙明真心中物」，其義亦猶是也。宗杲於兩家之説更不拈動，總是占便宜，却要學者具眼，殊不失爲人之意。余也向雖引而不發，今則舍矢如破矣。吾黨之士夫，豈無具眼者乎？

宗杲嘗謂士人鄭尚明曰：「你只今這聽法、説法一段歷歷孤明底，未生已前畢竟在甚麽處？」曰：

「不知。」杲曰：「你若不知，便是生大。你百歲後，四大、五蘊一時解散。到這裏歷歷孤明底却向甚麼處去？」曰：「也不知。」杲曰：「你既不知，便是死大。」又嘗示呂機宜云：「現今歷歷孤明，與人分是非、別好醜底，決定是有是無，是真實是虛妄？」前此臨濟亦嘗語其徒曰：「四大身不解説法聽法，虛空不解説法聽法。是汝目前歷歷孤明勿形段者，解説法聽法。」觀此數節，則佛氏之所謂性，亦何難見之有？渠道理只是如此，本不須苦求解悟。然而必以悟爲則者，只是要見得此歷歷孤明境界更親切爾。縱使見得親切，夫安知歷歷孤明者之非性，而性自有真耶？

杲《答曾天游侍郎第二書》，説得他家道理直是明盡。渠最善捏怪，却有此等説話，又不失爲本分人也。書云：「尋常計較安排底是識情，隨生死遷流底亦是識情，怕怖慞惶底亦是識情。而今參學之人不知是病，只管在裏許頭出頭没，教中所謂『隨識而不隨智』，以故昧却本地風光，本來面目。若或一時放下，百不思量計較，忽然失脚，蹋着鼻孔，即此識情便是真空妙智，更無別智可得。若別有所得，有所證，則又却不是也。如人迷時，唤東作西，及至悟時，即西便是東，無別有東。此真空妙智，與太虛空齊壽。只這太虛空中，還有一物礙得他否？雖不受一物礙，而不妨諸物於空中往來。此真空妙智亦然，凡聖垢染，着一點不得。雖着不得，而不礙生死、凡聖於中往來。如此信得及，見得徹，方是箇出生入死，得大自在底漢。」細觀此書，佛氏之所謂性，無餘蘊矣。「忽然失脚，蹋着鼻孔」，便是頓悟之説。

杲示真如道人有云：「今生雖未悟，亦種得般若種子在性地上。世世不落惡趣，生生不失人身，不生邪見家，不入魔軍類。」又《答呂舍人書》有云：「若依此做工夫，雖不悟徹，亦能分别邪正，不爲邪魔所障，亦種得般若種子深。縱今生不了，來生出頭，現成受用，亦不费力，亦不被惡念奪將去。臨命終時，亦能轉業，况一念相應邪！」又《答湯丞相書》有云：「若存心在上面，縱今生未了，亦種得種子深。臨命終時，亦不被惡業所牽，墮諸惡趣。换却殼漏子，轉頭來亦昧我底不得。」此等説話，只是誘人信嚮，豈可爲憑？人情大抵多貪，都不曾見箇道理，貪今生受用未了，又要貪來生受用，安得不爲其所惑也！《易》曰：「原始反終，故知死生之説。」生死輪迴，决無此理，萬有一焉，只是妖妄。爲學而不能無疑於此，則亦何以窮理爲哉！

杲《答呂舍人書》有云：「心無所之。老鼠入牛角，便見倒斷也。」倒斷即是悟處，心無所之是做工夫處。其做工夫只看話頭便是，如「狗子無佛性」、「鋸解秤錘」、「柏樹子」、「竹篦子」、「麻三斤」、「乾屎橛」之類，皆所謂話頭也。余於「柏樹子」話偶嘗驗過，是以知之然。向者一悟之後，佛家書但過目便迎刃而解。若吾聖賢之微詞奥旨竟不能通，後來用工久之，始知其所以然者。盖佛氏以知覺爲性，所以一悟便見得箇虚空境界。《證道歌》所謂「了了見，無一物，亦無人，亦無佛」是也。渠千言萬語，只是説這箇境界。悟者安有不省！若吾儒之所謂性，乃「帝降之衷」，至精之理，細入於絲毫杪忽，❶無一非實，與彼虚空境界判然不同，所以决無頓悟之理。世有學禪而未至者，略見些光影便要將兩家之

❶「杪」，原作「抄」，據四庫本改。

説和合而爲一，彌縫雖巧，敗闕處不可勝言，弄得來儒不儒，佛不佛，心勞日拙，畢竟何益之有！

梁武帝問達磨曰：「朕即位以來，造寺寫經度僧，不可勝紀，有何功德？」答曰：「並無功德。」帝曰：「何以無功德？」答曰：「此但人天小果，有漏之因，如影隨形，雖有非實。」又宗杲《答曾侍郎書》有云：「今時學道之士，只求速效，不知錯了也。却謂無事省緣，静坐體究爲空過時光，不如看幾卷經，念幾聲佛，佛前多禮幾拜，懺悔平生所作罪過，要免閻家老子手中鐵棒。此是愚人所爲。」嗚呼！自佛法入中國，所謂造寺寫經，供佛飯僧，看經念佛，種種糜費之事，日新而月盛。但其力稍可爲者，靡不争先爲之，導之者固其徒。向非人心之貪，則其説亦無緣而入也。奈何世之諂佛以求福利者，其貪心惑志，纏綿固結而不可解？雖以吾儒正色昌言，懇切詳盡，一切聞如不聞。彼盖以吾儒未諳佛教，所言無足信也。達磨在西域稱二十八祖，入中國則爲禪家初祖。宗杲擅名一代，爲禪林之冠，所以保護佛法者，皆無所不用其心，其不肯失言決矣。乃至如上所云，種種造作以爲無益者，前後如出一口。此又不足信邪？且夫貪、嗔、癡三者，乃佛氏之所深戒也，謂之「三毒」。凡世之造寺寫經、供佛飯僧、看經念佛，以爲有益而爲之，是貪也。不知其無益而爲之，是癡也。三毒而犯其二，雖活佛在世，亦不能爲之解脱，乃欲諂事土佛木佛，以僥倖於萬一，非天下之至愚至愚者乎！凡吾儒解惑之言不可勝述，孰意佛書中乃有此等本分説話，人心天理誠有不可得而泯滅者矣，余是用表而出之。更有丹霞燒木佛一事，亦可以解愚夫之惑。

儒書有五行，佛家便言四大。儒書有五事，佛家則言六根。其蹈襲邪，抑偶同邪？是不可得而知也。然名物雖相似，其義理則相遼絶矣。四大有風而無金、木，《楞嚴》又從而附益之，揣摩湊合，都無義理，只被他粧點得好，故足以惑人。朱子嘗言：「佛書中惟《楞嚴》最巧，頗疑房融竄入其説。」看來此事灼然，無足疑者。且如《楞伽》四卷，達磨最所尊信，其言大抵質實而近乎拙，有若欲盡其意而未能者。佛一人爾，人一口爾，以二經較之，不應其言之工拙頓異如此。此本無足深辨，但既攻其失，則亦不可不知。又以見佛學溺人之深，有如是之才而甘心爲之役，殊可歎也。

昔有儒生悟禪者，嘗作一頌云：「斷除煩惱重增病，趣向真如亦是邪。隨順世緣無罣礙，涅槃生死是空華。」宗杲取之。嘗見杲示人有「水上葫蘆」一言，凡屢出，此頌第三句即「水上葫蘆」之謂也。佛家道理，真是如此。《論語》有云：「君子之於天下也，無適也，無莫也，義之與比。」使吾夫子當時若欠却「義之與比」一語，則所謂無適無莫者，何以異於水上葫蘆也哉！

韓子之闢佛、老有云：「其亦幸而出於三代之後，不見黜於禹、湯、文、武、周公、孔子也。其亦不幸而不出於三代之前，不見正於禹、湯、文、武、周公、孔子也。」善哉言乎！自今觀之，其幸也未若其不幸之甚。《景德傳燈録》所載，舊云千七百人，其瑣瑣者姑未論，若夫戒行之清苦，建立之精勤，論辨之通明，語句之超邁，記覽之該博，亦何下百十人？此其人亦皆有過人之才，要爲難得，向使獲及吾聖人之門而取正焉，所成就當何如也！而皆畢竟落空以死。嗚呼！兹非其不幸之甚而何！

吾儒之闢佛氏有三，有真知其説之非而痛闢之者，兩程子、張子、朱子是也；有未能深知其説而常喜闢之者，篤信程、張數子者也；有陰實尊用其説而陽闢之者，蓋用禪家訶佛罵祖之機者也。夫佛氏似是之非，固爲難辨，至於訶佛駡祖之機作，則其辨之也愈難。吁，可畏哉！

程子之闢佛氏有云：「自謂之『窮神知化』，而不足以開物成務；言爲『無不周徧』，實則外於倫理；『窮深極微』，而不可與入堯舜之道。」即其所言所造，而明指其罪過，誅絶之意，凜然辭氣之表矣。夫既不足以開物成務，則不得謂之「神化」。倫理且棄而不顧，尚何「周徧」之有？堯舜之道既不可入，又何有於「深微」？蓋「神化」、「周徧」、「深微」之云，皆彼之所自謂，非吾聖人所謂「神化」、「周徧」、「深微」者也。韓子云：「道其所道，非吾所謂道也；德其所德，非吾所謂德也。」此之謂也。他日程子又嘗有言：「佛氏不識陰陽、晝夜、死生、古今，安得謂形而上者與聖人同乎！」夫陰陽、晝夜、死生、古今，易之體也。深微者，易之理；神化者，易之用也。聖人全體皆易，故能範圍天地之化而不過，曲成萬物而不遺。佛氏昧焉，一切冥行妄作，至於滅絶彝倫而不知悔，此其所以獲罪於天，有不可得而贖者。吾儒之誅絶之，亦惟順天而已，豈容一毫私意於其間哉？

程子曰：「佛有箇覺之理，可以『敬以直内』矣。然無『義以方外』，其直内者，要之其本亦不是。」此言雖簡而意極圓備。「其本不是」，正斥其認知覺以爲性爾，故非但無以方外，内亦未嘗直也。當詳味「可以」二字，非許其能直内之辭。

程子嘗言：「聖人本天，釋氏本心。」直是見得透，斷得明也。本既不同，所以其説雖有相似處，畢竟和合不得。吕原明一生問學，欲直造聖人，且嘗從二程遊，亦稔聞其議論矣。及其晚年，乃見得「佛之道與吾聖人合」，反謂二程「所見太近」，得非誤以妙圓空寂爲形而上者邪？以此希聖，無異適燕而南其轅，蔑由至矣。

張子曰：「釋氏不知天命，而以心法起滅天地，以小緣大，以末緣本，其不能窮而謂之幻妄，真所謂疑冰者歟！」此言與程子本心之見相合，又推到釋氏窮處，非深知其學之本末，安能及此？

程、張闢佛氏之言，見於《遺書》及《正蒙》者多矣，今但舉其尤切要者著於篇，以明吾説之有所據，其他皆吾人之所通習，無庸盡述也。

朱子闢佛氏之言，比之二程子、張子尤爲不少，今亦無庸盡述，録其尤著明者一章。凡今之謗朱子者，無他，恐只是此等處不合説得太分曉，未免有所妨礙爾。朱子嘗語學者云：「佛家都從頭不識，只是認知覺運動做性，所以鼓舞得許多聰明豪傑之士。緣他是高於世俗，世俗一副當污濁底事，他是無了，所以人競趨他之學。」或曰：「彼以知覺運動爲形而下者，空寂爲形而上者，如何？」曰：「便只是形而下者，他只是將知覺運動做玄妙説。」或曰：「如此則安能動人？必更有玄妙處。」曰：「便只是這箇，他那妙處離這知覺運動不得，無這箇便説不行，只是被他作弄得來精。所以横渠有釋氏『兩末』之論，只説得兩邊末稍頭，中間真實道理却不曾識。如知覺運動是其上一稍也，因果報應是其下一稍也。」或曰：「因果報應，他那邊有見識者亦自不信。」曰：「雖有不信底，依舊離這箇不得。如他幾箇高禪，縱説高煞也，依舊掉舍這箇不下，將去愚人。他那箇物事没理會，捉摸他不得。你道他如此説，又説不如此。你道他是知覺運動，他又有時掉翻了都不説時。雖是掉翻，依舊離這箇不得。」或曰：「今也不消學他那一層，只認依着自家底做便了。」曰：「固是。豈可學他！只是依自家底做，少間自見得他底低。」觀此一章，則知愚前所謂「洞見其肺腑，而深中其膏肓之病」，誠有據矣。

《朱子語類》有云：「道謙言，《大藏經》中言，禪子病脾時，只坐禪六七日，減食，便安。謙言渠曾病，坐得三四日便無事。」李延平所稱謙開善者，必此人也。謂朱子嘗從渠用工夫來，於此可見。然朱子後來盡棄前習，以歸于正，非全具知、仁、勇三德不能，其爲百世師也，殆無愧矣。

今之道家，蓋源於古之巫祝，與老子殊不相干。老子誠亦異端，然其爲道主於深根固蒂，長生久視而已。《道德》五千言具在，於凡祈禳禜禱、經呪符籙等事，初未有一言及之。而道家立教乃推尊老子，置之三清之列，以爲其教之所從出，不亦妄乎！古者用巫祝以事神，建其官，正其名，辨其物，蓋誠有以通乎幽明之故，故專其職掌，俾常一其心志以導迎二氣之和，其義精矣。去古既遠，精義浸失，而淫邪妖誕之説起。所謂經呪符籙，大抵皆秦、漢間方士所爲，其泯滅而不傳者計亦多矣，而終莫之能絶也。今之所傳，分明遠祖張道陵，近宗林靈素輩，雖其爲用，不出乎祈禳禜禱，然既已失其精義，則所以交神明者率非其道，徒滋益人心之惑，而重爲世道之害爾。望其消災而致福，不亦遠乎？蓋老子之善成其私，固聖門所不取，道陵輩之譸張爲幻，又老子之所不屑爲也。欲攻老氏者，須分爲二端，而各明辨其失，則吾之説爲有據，而彼雖桀黠，亦無所措其辭矣。

老子外仁義禮而言道德，徒言道德而不及性，與聖門絶不相似，自不足以亂真。所謂彌近理而大亂真，惟佛氏爾。

列子、莊子出入老、佛之間。其時佛法未入中國也，而其言之相合者，已自不少。《易大傳》曰：

「仁者見之謂之仁，知者見之謂之知。」是安有華夷之別，古今之異邪？理固然矣。聖人所見，無非極致，則雖或生於千百世之上，或生於千百世之下，或相去千萬里之遠，其道安有不同？故凡謂佛爲聖人者，皆非真知聖道者也。

「黄、老於漢，佛於晉、魏、梁、隋之間。」韓子之言是也。然佛學在唐尤盛，在宋亦盛，夷狄之禍所以相尋不絶，何足怪哉！程、朱數君子相繼而出，相與推明孔孟之正學，以救當世之淪胥者，亦既諄諄懇懇，而世莫之能用也。直至我朝，其説方盛行於天下，孔孟之道於是復明。雖學者之所得不必皆深，所行不必皆力，然譬諸梓匠輪輿必以規矩，巧或不足，終不失爲方圓，亦足以成器而適用矣。近來異説紛起，直欲超然於規矩準繩之外，方圓平直，惟其意之所裁。「觚哉，觚哉！」此言殊可念也。有世道之責者，不遠爲之慮可乎！

朱子嘗言：「伊川『性即理也』一語，便是千萬世説性之根基。」愚初發憤時，常將此語體認，認來認去，有處通，有處不通。如此累年，竟不能歸一，却疑伊川此語有所未盡，朱子亦恐説得太過，難爲必信也。遂姑置之，乃將「理氣」二字參互體認，認來認去，一般有處通，有處不通。如此又累年，亦竟不能歸一，心中甚不快，以謂識見有限，終恐無能上達也。意欲已之，忽記起「雖愚必明」之言，又不能已，乃復從事於伊川之語，反覆不置。一旦於「理一分殊」四字有箇悟處，反而驗之身心，推而驗之人人，又驗之陰陽五行，又驗之鳥獸草木，頭頭皆合。於是始涣然自信，而知二君子之言，斷乎不我欺也。愚言及此，非以自多，蓋嘗屢見吾黨所著書，有以「性即理」爲不然者，只爲理字難明，往往爲氣字之所妨礙，纔見得不合，便以先儒言説爲不足信，殊不知工夫到後，雖欲添一箇字，自是添不得也。

理無往而不定，不定即非所以爲理。然學者窮理須是看得活，不可滯泥。先儒多以善觀爲言，即此意也。若看得活時，此理便活潑潑地，常在面前。雖然如此，要添一毫亦不得，減一毫亦不得，要擡高一分亦不得，放下一分亦不得，以此見理無往而不定也。然見處固是如此，向使存養之功未至，則此理終非己有，亦無緣得他受用，故曰：「知及之，仁不能守之，雖得之，必失之。」

窮理譬則觀山，山體自定，觀者移步，其形便不同。故自四方觀之，便是四般面目，自四隅觀之，又各是一般面目，面目雖種種各别，其實只是此一山。山之本體，則理一之譬也，種種面目，則分殊之譬也。在人所觀之處，便是日用間應接之實地也。

理只是氣之理，當於氣之轉折處觀之。往而來，來而往，便是轉折處也。夫往而不能不來，來而不能不往，有莫知其所以然而然，若有一物主宰乎其間而使之然者，此理之所以名也。「易有太極」，此之謂也。若於轉折處看得分明，自然頭頭皆合。程子嘗言：「天地間只有一箇感應而已，更有甚事？」夫往者感則來者應，來者感則往者應。一感一應，循環無已，理無往而不存焉，在天在人一也。天道惟是至公，故感應有常而不忒。人情不能無私欲之累，故感應易忒而靡常。夫感應者，氣也。如是而感則如是而應，有不容以毫髪差者，理也。適當其可則吉，反而去之則凶，或過焉，或不及焉，則悔且吝，故理無往而不定也。然此多是就感通處説，須知此心雖寂然不動，其沖和之氣自爲感應者，未始有一息之停，故所謂「亭亭當當、直上直下之正理」，自不容有須臾之間。此則天之所命，而人物之所以爲性者也。愚故嘗曰:「理須就氣上認取,然認氣爲理便不是。」此言殆不可易哉!

余自入官後,嘗見近時十數種書,於宋諸大儒言論,有明詆者,有暗詆者,直是可怪。既而思之,亦可憐也。坐井觀天而曰天小,不自知其身在井中爾。然或往告之曰:「天非小也,子盍從井外觀之?」彼方溺於坐井之安,堅不肯出,亦將如之何哉?嗚呼!斯固終歸於愚而已矣。

諸大儒言語文字,豈無小小出入處?只是大本大原上見得端的,故能有以發明孔孟之微旨,使後學知所用力之方,不爲異説之所迷惑。所以不免小有出入者,蓋義理真是無窮,其間細微曲折,如何一時便見得盡?後儒果有所見,自當信得及。於其小小出入處,不妨爲之申明,亦先儒「以俟後之君子」之本意也。

「心有所忿懥,則不得其正。有所恐懼,則不得其正。有所好樂,則不得其正。有所憂患,則不得其正。」每嘗玩味此章,所謂「不得其正」者,似只指心體而言。《章句》以爲「用之所行,不能不失其正」,乃第二節事,似於心體上欠却數語。蓋「心不在焉」以下,方是説應用之失,視聽飲食一切當面蹉過,則喜怒憂懼之發,鮮能中節也可知。故「欲脩其身者,必先正其心」,其義明矣。又詳「有所」二字,只是説人情偏處。蓋人之常情有多喜者,有多怒者,有多懼者,有多憂者,但一處偏重,便常有此一物横在胸中,未免礙却正當道理,此存養省察之功,所以不可須臾忽也。大抵《大學》正心工夫與《中庸》「致中」無異,《中庸章句》所謂「至静之中,無少偏倚」,便是心得其正之狀也。蔡介夫嘗述王端毅公語謂「經筵進講此章,每句貼一先字」,以爲未當。看來情既有偏,則或先或後,皆能爲病,但不可指殺一處説爾。公所著有《石渠意見》一編，與朱子頗有未合處，舊嘗一見之，惜未及詳讀也。

近時格物之説，亦未必故欲求異於先儒也。秖緣誤認知覺爲性，纔干涉事物便説不行。既以道學名，置格物而不講又不可。而致知二字，略與其所見相似，難得來做箇題目。所以別造一般説話，要將物字牽拽向裏來。然而畢竟牽拽不得，分定故也。向裏既不得，向外又不通，明是兩無歸着，盍於此反而思之？苟能姑舍其所已見者，虚心一意，懇求其所未見者，性與天道未必終不可見。何苦費盡許多氣力，左籠右罩，以重爲誠意正心之累哉？

《論語》首篇首以學爲言，然未嘗明言所學者何事。蓋當時門弟子皆已知所從事，不待言也，但要加時習之功爾。自今觀之，「子以四教：文、行、忠、信」。夫子之所以教，非學者之所學乎？是知學文、脩行皆要時時習之，而忠、信其本，尤不可須臾失焉者也。註所謂「效先覺之所爲，亦不出四者之外」。若如陸象山之説，只一箇「求放心」便了，然則聖門之學與釋氏又何異乎？

《中庸》首言戒懼、慎獨，即《大學》正心、誠意工夫，似少格物致知之意，何也？蓋篇首即分明指出道體，正欲學者於言下領會，雖不言知而知在其中矣。末章復就下學立心之始説起，却少「知」字不得，所以説「知遠之近，知風之自，知微之顯」。曰近，曰自，曰微，皆言乎其本體也，性也。曰遠，曰風，曰顯，皆言乎其發用也，道也。知此，則有以見夫内外本末初無二理，戒懼、慎獨方有着力處，故曰「可與入德矣」。《大學》所謂知至而後意誠、心正，其致一也。

孟子曰：「孩提之童，無不知愛其親也。及其長也，無不知敬其兄也。」以此實良知良能之説，其義甚明。蓋知能乃人心之妙用，愛敬乃人心之天理也。以其不待思慮而自知此，故謂之良。近時有以良知爲天理者，然則愛敬果何物乎？程子嘗釋「知覺」二字之義云：「知是知此事，覺是覺此理。」又言：「佛氏之云覺，甚底是覺斯道，甚底是覺斯民？」正斥其認知覺爲性之謬爾。夫以二子之言，明白精切如此，而近時異説之興，聽者曾莫之能辨，則亦何以講學爲哉！

性之理，一而已矣。名其德，則有四焉。以其渾然無間也，名之曰仁；以其燦然有條也，名之曰禮；以其截然有止也，名之曰義；以其判然有別也，名之曰智。凡其燦然、截然、判然者，皆不出於渾然之中，此仁之所以包四德而爲性之全體也。截然者，即其燦然之不可移者也；判然者，即其截然之不可亂者也。名雖有四，其實一也。然其所以如是之渾然、燦然、截然、判然，莫非自然而然，不假纖毫安排布置之力，此其所以爲性命之理也。

「上天之載，無聲無臭」，又安有形體可覔邪？然自知道者觀之，即事即物，此理便昭昭然在心目之間，非自外來，非由内出，自然一定而不可易，所謂「如有所立卓爾」，非想像之辭也。佛氏以寂滅爲極致，與聖門卓爾之見絶不相同，彼曠而虚，此約而實也。果然見到卓爾處，異説如何動得？

以覺言仁固非，以覺言智亦非也。蓋仁、智皆吾心之定理，而覺乃其妙用。如以妙用爲定理，則《大傳》所謂「一陰一陽之謂道，陰陽不測之謂神」，果何别邪？

朱子嘗言「神亦形而下者」，又云「神乃氣之精英」，須曾實下工夫體究來，方信此言確乎其不可易。不然，則誤以神爲形而上者有之矣。黄直卿嘗疑《中庸》論鬼神有「誠之不可掩」一語，則是形而上者。朱子答以「只是實理處發見」，其義愈明。《先天圖》最宜潛玩，性命之理直是分明。分陰分陽，太極之體以立；一陰一陽，太極之用以行。若玩得熟時，便見得一本之散爲萬殊，萬殊之原於一本，無非自然之妙，有不知手之舞之，足之蹈之者矣。

聖賢千言萬語，無非發明此理。有志於學者，必須熟讀精思，將一箇身心入在聖賢言語中，翻來覆去，體認窮究，方尋得道理出。從上諸儒先君子，皆是如此用工，其所得之淺深，則由其資禀有高下爾。自陸象山有「六經皆我註脚」之言流及近世，士之好高欲速者，將聖賢經書都作没緊要看了。以爲道理但當求之於心，書可不必讀，讀亦不必記，亦不必苦苦求解。看來若非要作應舉用，相將坐禪入定去，無復以讀書爲矣。一言而貽後學無窮之禍，象山其罪首哉！

「宰我、子貢善爲説辭，冉牛、閔子、顏淵善言德行，孔子兼之。」看來説得道理分明，自是難事。見之不真者不待論，亦有心下了了而發脱不出者，却是口才短也。此則須要涵養，涵養得熟，終久説出來亦無病痛。若本無實見，而揣摩想像以爲言，言語雖工，文字雖妙，其病痛必不能免。

邵子《觀物外篇》有云：「氣一而已，主之者乾也。」朱子《易本義》所謂「天地間本一氣之流行，而有動静爾。以其流行之統體而言，則但謂之乾而無所不包」，與邵説合。又云：「神亦一而已，乘氣而變化，能出入于有無生死之間，無方而不測者也。」如此則神别是一物，與朱子所謂「氣之精英」不合。異同之際，學者不可不致思也。

邵子有「神無方而性有質」一言，亦見得好。但「質」字未善，欲作「定」字亦未知如何？大抵理最難言，得失只在一兩字上，故《易・文言》有「脩辭」之訓，只要説得端的，便是立其誠也。

先儒言：「情是性之動，意是心之發。」「發動」二字亦不相遠，却説得「情意」二字分明。蓋情是不待主張而自然發動者，意是主張如此發動者。不待主張者，須是與他做主張，方能中節。由此心主張而發者，便有公私義利兩途，須要詳審。二者皆是慎獨工夫。

「主佩倚則臣佩垂，主佩垂則臣佩委。」「凡爲長者糞之禮，必加帚於箕上，以袂拘而退，其塵不及長者，以箕自向而極之。」「並坐不横肱，授立不跪，授坐不立。」「上於東階，則先右足上，於西階則先左足。」此等皆是粗迹，感應之理便在其中，只要人識得。故程子曰：「灑掃應對，便是形而上者。」理無大小故也。若於事物上無所見，談玄説妙有何交涉？

「莫之爲而爲，莫之致而至，便是天理。」程子此言最盡，最好尋思。若讀書不精，此等切至之言，都當面蹉過矣。

天地人物，止是一理。然而語天道則曰「陰陽」，語地道則曰「剛柔」，語人道則曰「仁義」，何也？蓋其分既殊，其爲道也自不容於無別。然則鳥獸草木之爲物，亦云庶矣，欲名其道，夫豈可以一言盡乎？大抵性以命同，道以形異，必明乎異同之際，斯可以盡天地人物之理。

《洪範》之五行，在《大禹謨》則謂之六府，皆以其質言之，人之所賴以生者也。蓋五行之質，惟人有以兼而用之。其他有知之物，或用其二，或用其三，更無能用火、金者，此人之所以靈於萬物也歟。

若夫創制之始，裁成之妙，聖人之功誠所謂萬世永賴者矣。「一動一静之間，天地人之至妙至妙者」，本邵子第一親切之言，其子伯温解註却説得胡塗了。

李習之雖嘗闢佛，然陷於其説而不自知。《復性書》有云：「情者，妄也，邪也。曰邪與妄，則無所因矣。妄情滅息，本性清明，周流六虚，所以謂之能復其性也。」觀乎此言，何以異於佛氏！其亦嘗從禪師問道，得非有取其微旨而姑闢其粗迹，以無失爲聖人之徒邪？且其書三篇，皆及死生之説，尤可見其意之所主。

陸象山《與詹子南書》有云「日享事實之樂」，即《語録》中所謂「此理已顯」者也。其與晦翁《辨無極書》所謂「言論未詳，事實先著」，余嘗意其指識此心爲事實，今始驗得分明。

包顯道所録象山語有云：「仰首攀南斗，翻身倚北辰，舉頭天外望，無我這般人。」按《傳燈録》智通禪師臨終有偈云：「舉手攀南斗，迴身倚北辰，出頭天外見，誰是我般人？」不知象山之言，其偶同邪，抑真有取於智通之説也？

元之大儒稱許魯齋、吴草廬二人。魯齋始終尊信朱子，其學行皆平正篤實。遭逢世祖，致位通顯，雖未得盡行其志，然當其時而儒者之道不廢，虞伯生謂「魯齋實啓之」，可謂有功於斯文矣。草廬初年篤信朱子，其進甚鋭。晚年所見，乃與陸象山合。其出處一節，自難例之魯齋。若夫一生惓惓焉羽翼聖經，終老不倦，其志亦可尚矣。

劉静修天分甚高，學博才雄，議論英發，當時推重，殆與許魯齋、吴草廬等。然以愚觀之，謂之有志於聖人之道則可，謂其有得乎聖人之道，恐未然也。姑舉所疑之一二，以俟知言者斷焉。《退齋記》有云：「凡事物之肖夫道之體者，皆洒然而無所累，變通不可窮也。」即如其言，則是所謂道體者，當別爲一物，而立乎事物之外。而所謂事物者，不容不與道體爲二，苟有肖焉，亦必有弗肖者矣。夫器外無道，道外無器，所謂「器亦道，道亦器」是也，而顧可二之乎？又《叙學》一篇，似乎枝葉盛於根本。其欲令學者「先六經而後《語》、《孟》」，與程、朱之訓既不相合；又令「以《詩》、《書》、《禮》爲學之體，《春秋》爲學之用，一貫本末，具舉天下之理，理窮而性盡矣。窮理盡性以至於命，而後學夫《易》」。此言殊爲可疑。夫《易》之爲書，所以教人窮理盡性以至於命也。苟能窮理盡性以至於命，則學《易》之能事畢矣，而又何學焉？性命之理，他經固無不具，然未有專言之如《易》之明且盡者。《易》苟未明，他經雖有所得，其於盡性至命，竊恐未易言也，而静修言之乃爾其易。《語》曰：「爲之難，言之得無訒乎？」苟嘗實用其工，不應若是之易其言也。得非所取者博，而勇於自信之過歟？又嘗評宋諸儒，謂：「邵至大，周至精，程至正，朱極其大，盡其精而貫之以正。」初聞其言，殊若可喜，徐而繹之，未爲當也。孰有精而不正，正而不大者乎？若夫出處之際，議者或以其不仕爲高，亦未爲知静修者。嘗觀其《渡江》一賦，其心惟知有元而已，所以爲元計者如是其悉，不仕果何義乎？其不赴集賢之召，實以病阻，蓋踰年而遂卒矣。使其尚在，固將相時而動，以行其所求之志，必不肯自安於隱逸之流也。然則静修之所爲可重者，豈非以其有志於聖人之道乎哉？

劉静修之譏許魯齋，頗傷於刻。苟能無失其正，雖進退無恒，未爲過也。竊謂魯齋似曾子，静修似子路，其氣象既别，所見容有不同。

不仕固無義，然事之可否，身之去就，莫不有義存焉。先儒之論，可謂明且盡矣。矧求之聖門，具有成法，爲其學者，或乃忽焉而不顧，將别有所見耶？

凡事皆有漸，其漸方萌，是即所謂幾也。《易》曰：「知幾，其神乎！」難其人矣。

邵國賢《簡端録》近始見之，於文義多所發明，性命之理，視近時道學諸君子，較有説得親切處。《春秋論斷》其辭尤確，獨未知盡合聖人之意否也？然其博而不雜如此，可敬也夫！

「因時制宜」一語最好，即所謂「義之與比」也。動皆合義，則天理周流而無間，而仁亦在是矣。是故君子之用，不偏於剛，不偏於柔，惟其時而已矣。

時宜用剛而剛，時宜用柔而柔，只是大體如此。須知剛之用不可無柔，柔之用不可無剛。無柔以濟其剛，或足以致悔。無剛以制其柔，或足以取吝。

陽動陰静，其大分固然。然自其流行處觀之，静亦動也，自其主宰處觀之，動亦静也。此可爲知者道爾。

規模寬大，條理精詳，最爲難得。爲學如此，爲政亦如此，斯可謂真儒矣。

所謂無意者，無私意爾。自日用應酬之常，以至彌綸、參贊之大，凡其設施、運用、斟酌、裁制，莫非意也，云胡可無？惟一切循其理之當然而已。無預焉，斯則所謂無意也已。

凡經書文義有解説不通處，只宜闕之。盖年代悠邈，編簡錯亂，字畫差訛，勢不能免。必欲多方牽補，强解求通，則鑿矣。自昔聰明博辨之士，多喜做此等工夫，似乎枉費心力。若真欲求道，斷不在此。

「忠信」二字，吾夫子屢以爲言，此實人道之本也。常人無此，猶不可以自立於鄉黨，况君子之學期於成己成物者乎？若於忠信有所不足，則終身之所成就，從可知矣。

成己成物，便是感應之理。理惟一爾，得其理則物我俱成，故曰「合内外之道」也。

子曰：「君子喻於義，小人喻於利。」又曰：「君子上達，小人下達。」「喻於義」，斯「上達」矣；「喻於利」，斯「下達」矣。上達則進於聖賢，下達則其違禽獸也不遠矣。有人於此，或以禽獸斥之，未有能甘心受之者。至於義利之際，乃或不知所擇，果何説耶？

富貴、貧賤、死生、壽夭之「命」，與性命之「命」只是一箇命，皆定理也。明乎理之一，則有以知夫命之一矣。誠知夫命之一，則「修身以俟之」一語，豈不簡而易守乎？

程子論《大學》則曰：「學者必由是而學焉，則庶乎其不差矣。」論《語》、《孟》則曰：「人只看得此二書切己，終身儘多也。」論《中庸》則曰：「善學者玩索而有焉，則終身用之，有不能盡者矣。」爲人之意，何其惓惓若是哉！愚於此四書，童而習之，今皓首矣，差則幸而免，至求其切己受用處，殊覺空踈。庸書以識吾愧，且以申告吾徒之讀四書者。

往年嘗述愚見，爲《困知記》兩卷。蓋欲以告初學之士，使不迷其所向焉爾。惟理至難明，而愚言且拙，意有未盡，乃復筆爲是編。雖詞若稍繁，或頗傷直，區區之意，誠亦有不得已者。世有君子，必能亮之。續刻完，因贅此於末簡。

嘉靖辛卯夏六月丙辰整菴書。

困知記續卷下

凡三十三章

癸巳春，偶得《慈湖遺書》，閲之累日，有不勝其慨歎者。痛哉，禪學之誤人也，一至此乎！慈湖頓悟之機，實自陸象山發之。其自言「忽省此心之清明，忽省此心之無始末，忽省此心之無所不通」，即釋迦所謂「自覺聖智境界」也。書中千言萬語，徹頭徹尾，無非此箇見解，而意氣之横逸，辭説之猖狂，比之象山尤甚。象山平日據其偏見，横説竪説，直是果敢。然於聖賢明訓有所未合，猶且支吾籠罩過，未敢公然叛之。慈湖上自五經，旁及諸子，皆有論説，但與其所見合者，則以爲是，與其所見不合者，雖明出於孔子，輒以爲非孔子之言。而《大學》一書，工夫節次其詳如此，頓悟之説更無隙可投，故其詆之尤力。至凡孔子之微言大訓，又往往肆其邪説以亂之，剗實爲虚，揉直作曲，多方牽合，一例安排，惟其偏見是就。務令學者改視易聽，❶貪新忘舊，日漸月漬，以深入乎其心。其敢於侮聖言，叛

---

❶「令」，原作「今」，據嘉靖本、四庫本改。

聖經，疑誤後學如此，不謂之聖門之罪人不可也。世之君子，曾未聞有能鳴鼓而攻之者，反從而爲之役，果何見哉？

人心道心之辨，只在毫釐之間。道心，此心也，人心，亦此心也。一心而二名，非聖人强分別也，體之靜正有常而用之變化不測也，須兩下見得分明方是。盡心之學，佛氏之於吾儒，所以似是而實非者，有見於人心，無見於道心耳。慈湖之志於道，不爲不篤，然終蔽於所見，直以虛靈知覺爲道心，夫安得不謬乎？集中《己易》一篇，乃其最所用意，以誘進學徒者，衮衮數千言，將斷而復續，左援右引，陽開陰闔，極其馳騁之力，茫茫乎，若無涯涘可窺。然徐究其指歸，不出乎虛靈知覺而已，於四聖之《易》絶不相干，參之佛氏之書，則真如符節之合。試舉一二以概其餘。其曰：「吾性澄然清明而非物，吾性洞然無際而非量。天者，吾性中之象，地者，吾性中之形，故曰『在天成象，在地成形』，皆我之所爲。」《楞嚴經》所謂「山河大地，咸是妙明真心中物」，即其義也。其曰：「目能視，所以能視者何物？耳能聽，所以能聽者何物？口能噬，所以能噬者何物？鼻能嗅，所以能嗅者何物？手能運用屈伸，所以能運用屈伸者何物？足能步趨，所以能步趨者何物？血氣能周流，所以能周流者何物？心能思慮，所以能思慮者何物？」波羅提「作用是性」一偈，即其義也。其曰：「天地非大也，毫髮非小也，晝非明也，夜非晦也，往非古也，此非今也，它日非後也，鳶飛戾天非鳶也，魚躍于淵非魚也。」《金剛經》所謂「如來説世界，即非世界，是名世界。説三十二相，即是非相，是名三十二相」，即其義也。凡篇中曰「己」，曰「吾」，曰「我」，義與「惟我獨尊」無異，其爲禪學也固昭昭矣。認紫爲朱，明是大錯，乃敢放言無忌，謂「自生民以來，未有能識吾之全者」，吾不知所謂「吾」者，果何物耶？夫堯、舜、禹、湯、文、武、周公、孔子，皆天下之大聖，其遞相傳授，無非「精一執中」之旨，而所謂「中」者，決非靈覺之謂，非惟人人有之，乃至事事有之，物物有之。慈湖顧獨未之識耳，誠有以窺見其全，《己易》其敢作乎？閲斯集者，但看得此篇破時，譬之破竹，餘皆迎刃而解矣。

吾聖賢之言與佛氏之言殊不相入，謂「儒、佛無二道」，決非知道者也。慈湖所引經傳，如「範圍天地」、「發育萬物」等語，皆非聖賢本旨，第假之以成就其説。切恐將來疑誤後學不淺，故不得不明辨之。程子嘗言：「聖人本天，佛氏本心。」此乃灼然之見，萬世不易之論，儒佛異同，實判於此。是故「天叙有典」，吾則從而惇之；「天秩有禮」，吾則從而庸之；「天命有德」，則從而章之；「天討有罪」，則從而刑之；「克綏厥猷」，本於上帝之降衷；「脩道之教」，本於天命之在我。所謂「聖人本天」者，如此其深切著明也。以慈湖之聰明，宜若有見乎此，何忍於叛堯、舜、湯、孔，而以心法起滅天地，又任情牽合，必欲混儒、佛於一途邪？蓋其言有云：「其心通者，洞見天地人物，皆在吾性量之中，而天地萬物之變化，皆吾性之變化。」又云：「意消則本清本明，神用變化之妙，固自若也；無體無際，範圍天地，發育萬物之妙，固自若也。」此等言語，不謂之以心法起滅天地，謂之何哉？人之常情，大抵悦新奇而慕高遠，故邪説得以乘間而入。學者於此，苟能虚心遜志，無所偏主，而執吾説以審其是非之歸，將不爲其所惑矣。

愚嘗謂：「人心之體即天之體，本來一物，但其主於我者謂之心。」非臆説也，乃實見也。若謂「其心通者，洞見天地人物皆在吾性量之中」，而此心可以範圍天地，則是心大而天地小矣，是以天地爲有限量矣，本欲其一，反成二物，謂之知道，可乎？「易有太極，是生兩儀」，乃統體之太極。「乾道變化，各正性命」，則物物各具一太極矣。其所以爲太極則一，而分則殊。惟其分殊，故其用亦別。若謂「天地人物之變化皆吾心之變化」，而以「發育萬物」歸之吾心，是不知有分之殊矣。既不知分之殊，又惡可語夫理之一哉？蓋發育萬物自是造化之功用，人何與焉！雖非人所能與，其理即吾心之理，故《中庸》贊「大哉聖人之道」，而首以是爲言，明天人之無二也，此豈蔽於異説者之所能識邪？況天地之變化，萬古自如，人心之變化，與生俱生，則亦與生俱盡，謂其常住不滅，無是理也。慈湖誤矣！藐然數尺之軀，乃欲私造化以爲己物，何其不知量哉！《文言》曰：「夫大人者，與天地合其德，與日月合其明，與四時合其序，與鬼神合其吉凶，先天而天弗違，後天而奉天時。」此言便是的確。

有心必有意，心之官則思，是皆出於天命之自然，非人之所爲也。聖人所謂「無意」，無私意耳，所謂「何思何慮」，以曉夫憧憧往來者耳。《書》曰：「思曰睿，睿作聖。」非思則作聖何由？《易》曰：「聖人立象以盡意。」意若可無，其又何盡之有？故《大學》之教，不曰「無意」，惟曰「誠意」，《中庸》之訓，不曰「無思」，惟曰「慎思」。此吾儒入道之門，積德之基，窮理盡性必由於此，斷斷乎其不可易者，安得舉異端之邪説以亂之哉！彼禪學者，惟以頓悟爲主，必欲掃除意見，屏絶思慮，將四方八面路頭一齊塞住，使其心更無一綫可通，牢關固閉，以冀其一旦忽然而有省。終其所見，不過靈覺之光景而已，性命之理，實未嘗有見也，安得舉此以亂吾儒窮理盡性之學哉！學術不明，爲害非細，言之不覺縷縷，不識吾黨之士以爲何如？如欲學爲佛邪，慈湖之書宜不忍廢；必欲學爲聖人，則固有五經、四書及濂、洛、關、閩之説在。彼譸張爲幻者，又何足以溷吾之耳目哉！

「心之精神是謂聖」，此言出於《孔叢子》，初若可疑，及考其全文首尾，亦頗明白。聖字自不須看得重，而其意義亦非此句所能盡也。慈湖獨摘此一句，處處將來作弄，豈有他哉？蓋此句實與佛家「即心是佛」之言相似，其悟處正在此，故欣然取以爲證，使人無得而議焉，更不暇顧其上下文義何如也。請究言之。子思問於孔子曰：「物有形類，事有真僞，必審之，奚由？」子曰：「由乎心。心之精神是謂聖，推數究理，不以物疑。周其所察，聖人病諸。」切詳問意，蓋以物理事情，皆所當審，而欲知所以審之之由。夫子遂以「由乎心」答之，而申言心之妙用如此。蓋聖者，通明之謂。人心之神，無所不通，謂之聖亦可也。惟其無所不通，故能推見事物之數，究知事物之理，物理既得，夫復何疑？若於形迹之粗，必欲一一致察，則雖聖人亦有未易能矣。玩其辭，詳其義，可見能通之妙，乃此心之神，而所通之理，是乃所謂道也。若認精神以爲道，則錯矣。《易大傳》曰：「一陰一陽之謂道。」又曰：「陰陽不測之謂神。」道爲實體，神爲妙用，雖非判然二物，而實不容於相混，聖人所以兩言之也。道之在人，則道心是也，神之在人，則人心是也。若此處錯認，焉往而不錯乎？或疑所通之理爲道，則道乃在乎事物，而不在吾心。殊不知事物之理與吾心之理，一而已矣。不然，何謂「一以貫之」？何謂「合内外之道」？

因閲《慈湖遺書》有感，偶賦小詩三章：「斜風細雨釀輕寒，掩卷長吁百慮攢。不是皇天分付定，中華那復有衣冠！」「裝成戲劇逐番新，任逼真時總不真。何事貪看忘晝夜，只緣聲色解迷人。」「鏡中萬象原非實，心上些兒却是真，須就這些明一貫，莫將形影弄精神。」《書》曰：「道心惟微。」程子曰：「心，道之所在。微，道之體也。」解得極明。「些兒」二字，乃俗語，邵康節詩中嘗用之，意與「微」字相類。天人物我所以通貫爲一，只是此理而已，如一線之貫萬珠，提起便都在掌握。故盡己之性，便能盡人物之性，可以贊化育而參天地。慈湖謂：「其心通者，洞見天地人物，皆在吾性量之中。」是將形影弄精神也。殊不知鏡中之象與鏡原不相屬，提不起，按不下，收不攏，放不開，安得謂之一貫耶？

慈湖所引《論語》「知及之」，以合佛氏之所謂「慧」也；「仁能守之」，以合佛氏之所謂「定」也。「定、慧不二，謂之圓明。」慈湖蓋以此自處。其門人頗有覺者，則處之「日月至焉」之列，乃慧而不足於定者也。觀慈湖自處之意，豈但與「三月不違仁」者比肩而已哉？《大哉》一歌，無狀尤甚。凡爲禪學者之不孫，每每類此。

慈湖《紀先訓》內一條云：「近世有以小道與其門人講習，學者宗仰，語録流行，人服其篤行，遂信其説。其説固多矣，而害道者亦多，遺患頗深。」其所指乃伊川程先生也。何以知之？蓋慈湖嘗與學者講「聖人有所不知不能」之説，因議及伊川，又回護數語云：「程之篤行，亦豈易及？不可不敬也。但講學不得不辨明耳。」家庭議論，如出一口，决非偶然之故。得無以其所覺者爲極致，遂敢於自大邪？夫以大舜之聖，爲法於天下，可傳於後世者無他，惟是「明於庶物，察於人倫」而已。凡伊川與其門人之所講習，無非人倫庶物之理，千萬世之所通行者也。安有千萬世之所通行者，而可目之爲小道哉！若謂大道混成，不容分析，則伏羲既畫八卦，又重爲六十四卦，文王繫卦，周公繫爻，孔子作十翼，又出許多文字，何其不憚煩也！安知千條萬緒，無非太極之實體，苟能灼見其精微之妙，雖毫分縷析，自不害其爲一。伊川所作《易傳》，盖深得四聖之心者也，顧可以小道目之耶？必如其言，則是大道不在伏羲、舜、文、周公、孔子，而黄面瞿曇獨得之矣。害斯道者，非若人而誰？

千聖相傳，只是一理。堯、舜、禹、湯所執之「中」，孔子所不踰之「矩」，顏子之所謂「卓爾」，子思之所謂「上下察」，孟子之所謂「躍如」，皆是物也。上聖大賢惟其見之真，是以執之固而行之盡。其次則「博文約禮」，吾夫子有明訓矣。盖通天地人物，其理本一，而其分則殊。必有以察乎其分之殊，然後理之一者可見。既有見矣，必從而固守之，然後應酬之際，無或差謬。此博約所以爲吾儒之實學也。禪家所見，只是一片虚空曠蕩境界，凡此理之在吾心與其在事物者，竟不能識其至精至微之狀爲何如，而顧以理爲障。故朱子謂「禪家最怕人説這『理』字」，誠切中其病矣。《慈湖訓語》有云：「近世學者沉溺乎義理之意説，胸中常存一理不能忘捨，捨是則豁然無所憑依，故必置理字於其中，不知聖人胸中初無如許意度。」其怕這「理」字也，不亦甚乎！聖人胸中固自清明瑩澈，然於「中」則曰「允執」，於「矩」則曰「不踰」，豈是漠然蕩無主宰，而凡視聽言動，喜怒哀樂，一切任其自作自止，真如水泡之自生自滅乎哉？必不然矣。且吾儒若除箇理字不講，更講何事？若見得此理真切，自然通透灑落，又何有於安排布置之勞？爲此言者，適以自狀其不知理焉爾。

《慈湖遺書》不知何人所編，初止十八卷，有目録可考，皆自諸稿中選出。《續集》二卷，又不知出自何人。自十八卷觀之，類皆出入經傳，不雜以佛氏一語，有以知編者之慮至深，吾雖目爲禪學，人或未必盡悟。及觀至《續集》，則辭證具備，亦其勢終有不可得而隱者，如《炳講師求訓》、《奠馮氏妹詞》二首，已自分明招認，尚何説哉？程子嘗論及佛氏，以謂「昔之惑人也，乘其迷暗，今之入人也，因其高明」。若慈湖者，天資亦不爲不高矣，乃終身爲禪學所誤，今其書忽傳於世，有識之士固能灼見其非，亦何庸多辨？惟是區區過慮，自有所不能已爾。

《易》曰：「立人之道曰仁與義。」其名易知，其理未易明也。自道體言之，渾然無間之謂仁，截然有止之謂義。自體道者言之，心與理一之謂仁，事與理一之謂義。心與理一，則該貫動静，斯渾然矣。事與理一，則動中有静，斯截然矣。截然者，不出乎渾然之中。事之合理，即心與理一之形也。心與理初未嘗不一也，有以間之則二矣。然則何修何爲而能復其本體之一耶？曰敬。

《虞書》之所謂「道心」，即《樂記》所謂「人生而静，天之性也」，即《中庸》所謂「未發之中，天下之大本也」。決不可作已發看，若認道心爲已發，則將何者以爲大本乎？愚於此所以不能無少異於朱子者，前已有説。平生所見，此爲至先。比年反覆窮究，益信此論之不容易也。

「允執厥中」之「中」，先儒專以「無過不及」言，似乎未盡。竊詳其義，當與「中庸」之「中」同，體用兼舉而無遺，斯爲聖道之大全也。《仲虺之誥》有云：「王懋昭大德，建中于民，以義制事，以禮制心。」其言亦兼體用，可見先聖後聖，其揆一也。

「舍己從人」，非見得道理透徹，安能及此。人所以固執己見，善言更不能入者，只是見不到復有一種性資輕快，聞言便轉，然未必皆當，亦是無定見也。夫所謂「舍己從人」者，豈苟然哉？從其至當而已矣。

舜命禹曰：「予違，汝弼。汝無面從，退有後言。」禹豈面從後言者邪？益之告舜，則以「違道從欲」爲戒，禹則以「慢遊傲虐」爲戒，臯陶則以「叢脞」爲戒。舜亦曷嘗有此數者之失邪？蓋其君臣相與至誠懇切，惟欲各盡其道而無毫髮之歉，故常致謹於未然之防。讀《書》者能識虞廷交相儆戒之心，斯可以事君矣。

「善無常主，協于克一」，時中之謂也。

《秦誓》一篇，有可爲後世法者二，孔子所以列之四代之書之終。悔過遷善，知所以修身矣；明於君子小人之情狀，知所以用人矣。慎斯道也以往，帝王之治其殆庶幾乎！

《鹿鳴》之詩，雖云上下通用，要非賢人君子不足以當之。今以「鹿鳴」名宴，以賓禮初升之士，待之不爲不厚矣。聽其歌，飲其酒，能無感動於其心乎？然而「周行」之示，能言者皆可勉也。「視民不恌」，則非聲音笑貌之所能爲矣。不如是，將何以答主人之盛禮，而稱其爲嘉賓也耶？

《樂記》所舉「欲」與「好惡」，《大學》所舉「親愛、賤惡、畏敬、哀矜」，《中庸》所舉「喜怒哀樂」，《孟子》所舉「惻隱、羞惡、辭讓、是非」等是人情，但名言之不同耳。凡情之發，皆根於性，其所以爲善爲惡，係於有節與無節，中節與不中節，辟與不辟而已。《樂記》、《大學》、《中庸》三説足以互相發明。《孟子》道性善，故所舉四端，主意只在善之一邊，其説終是不備。但以《大學》證之，亦可見矣。哀矜猶惻隱也，賤惡猶羞惡也，畏敬猶恭敬也，如發而皆當，又何辟之可言哉！此可見人心之危矣。危字着在中間，操持向上，則極於《中庸》所謂「天地位，萬物育」，放縱趨下，則如《樂記》所謂「大亂之道」，固理勢之所必至也。

《漢高帝紀》云：「母媪嘗息大澤之陂，夢與神遇。是時雷電晦冥，父太公往視，則見交龍於上。」夫人夢中所遇，從未聞在他人有見之者。史遷所記，殊費分疏。若太公所見者誠然，則媪決非夢，則太公之所見者妄矣。

漢武帝表章六經，而黄老之説遂熄，吾道有可行之兆矣。然終帝之世，未見其能有行，豈其力之不足哉？所不足者，《關雎》、《麟趾》之化爾。善乎，汲黯之言曰：「内多欲而外施仁義，奈何欲效唐虞之治乎！」黯之學術不可知，然觀乎此言，非惟切中武帝之病，且深達爲治之本。

唐之禍亂，本於李林甫。宋之禍亂，本於王介甫。林甫之禍唐，本於心術不端。介甫之禍宋，本於學術不正。

圖治當先定規模，乃有持循積累之地。規模大則大成，規模小則小成，未有規模不定而能有成者也。然其間病源所在，不可不知。秉德二三，則規模不定。用人二三，則規模不定。苟無其病，於致治乎何有？

久任自是良法。陸宣公明於治體，乃不甚以爲然，蓋欲以救德宗之偏，庶廣登延之路，以濟一時之用，且於惇大之化或有小補焉爾，議法者未可執爲定論。正德間，愚嘗建白此事，而并及超遷之説。

大意以爲，超遷之法與久任之法相爲流通，超於前自可責其後之久，超於後固無負其前之淹。此盖區區素見，因他策忤用事者，疏竟寢。

取士之法，宜有變通。士行修，然後民德歸厚。治安之本，無切於此。

孟子之學，亦自明而誠，知言養氣是也。自明而誠者，未必便造其極，理須善養，「盡心知性」一章即是此義。然其告公孫丑，不曰「善養吾性」，而曰「氣」者，因告子「勿求於氣」而言，以見其所以異也。程子嘗言「學者須先識仁」一段説話，皆與孟子相合，但以存字該養字爾。吾儒之學，舍此更無是處，然異學亦有假之以文其説者，不可不明辨之。

凡聖賢言語，須是看得浹洽，義理方盡。若執定一處將來硬説，其他説不通處更不管，只是成就得一箇偏見，何由得到盡心地位邪？近世學者因孟子有「仁，人心也」一語，便要硬説「心即是仁」，獨不思「以仁存心」，「仁義禮智根於心」，其言亦出於孟子，又將何説以通之邪？孔子之稱顔淵亦曰「其心三月不違仁」。仁之與心，固當有辨，須於此見得端的，方可謂之識仁。

程子曰：「以吾觀於儒釋，事事是，句句合，然而不同。」夫既曰「事事是，句句合」矣，何以又曰「不同」？正此所謂毫釐之差也。且如吾儒言心，彼亦言心，吾儒言性，彼亦言性，吾儒言寂感，彼亦言寂感，豈不是句句合？然吾儒見得人心道心分明有別，彼則混然無别矣，安得同？

天地、鬼神、陰陽、剛柔、仁義，雖每每並言，其實天該乎地，神該乎鬼，陽該乎陰，剛該乎柔，仁該乎義。明乎此説，其於道也，思過半矣。

義理愈窮究，愈見細密。到得愈細密處，愈難爲言，一字未安，或反累其全體。故有志於明道者，其言自不容易，若可增可減，可移可换，吾未敢以爲知言也。

佛氏之學，不知人物之所自來，斷不足以經世。儒而佛者，自以爲有得矣，至於經理世務，若非依傍吾聖人道理，即一步不可行。所得非所用，所用非所得，正所謂由其蔽於始，是以缺於終爾。内外本末，既不免分爲兩截，猶譊譊然動以「一貫」藉口，吾聖人所謂「一以貫之」者，果如是乎！

顏淵曰：「舜何人也？予何人也？有爲者亦若是。」蓋以舜自期也。舜飯糗茹草，若將終身。顏子簞食瓢飲，不改其樂。本原之地，同一無累，如此則顏之進於舜也，其孰能禦之？孟子曰：「人能無以饑渴之害爲心害，則不及人不爲憂矣。」此希聖希賢之第一義也。

山林日長，别無所事，劄記之續，時復有之，然亦簡矣。偶閲《慈湖遺書》，不覺又有許多言語。夫學之不講，聖人以爲憂。余言雖多，凡以講明此學，非好辯也，於初學之士或者未爲無益。乃删取近年所記而并刻之，蓋其言間有互相發明者爾。《記》凡再續，故其卷亦分爲上下云。

嘉靖癸巳夏五月戊申整菴識。

困知記三續

凡三十六章

「人心，人欲。道心，天理。」程子此言，本之《樂記》，自是分明。後來諸公往往將人欲兩字看得過了，故議論間有未歸一處。夫性必有欲，非人也，天也。既曰天矣，其可去乎！欲之有節無節，非天也，人也。既曰人矣，其可縱乎！君子必慎其獨，爲是故也。獨乃天人之際，離合之機，毫釐之差，千里之遠。苟能無所不致其慎，則天人一矣。到此地位甚難，但講學則不可不盡。

《朱子語類》有云：「吾儒只是一箇真實底道理。他也說我這箇是真實底道理，如云『惟此一事實，餘二則非真』。只是他說得一邊，只認得那人心，無所謂道心。」愚按此言，真說透禪學骨髓。

明道先生云：「知性善，以忠信爲本，此先立其大者。」說得頭腦分明，工夫切當。始終條理，概具於三言之中。

徐居父問於朱子曰：「盡己之謂忠。今有人不可盡告，則又當何如？」朱子曰：「聖人到這裏又却有義。且如有人對自家說那人，那人復來問自家。其人凶惡，若盡以告之，必至殺人，夫豈可哉！到這裏又却别是一箇道理。」愚嘗因此言而思之，竊以忠之爲義，盡其心之謂也，非盡其言之謂也。今有凶惡之人於此，吾所聞於其讐敵，固有不容盡告之者。言之盡，必將至於殺人，吾則姑舉其可言者告之，不可言者不以告也。此人聞其讐敵之言不至已甚，則殺心亦不萌矣。吾之言於彼者，雖有所隱而未盡，然所以保全兩家，實在於此。此其用心曾有所不盡乎？事理自當如此便是義，似不須云「别是一箇道理」也。

子見南子，子路不悦，蓋疑夫子欲因南子以求仕也。始，夫子入衛，彌子便疑其求仕，故有「孔子主我，衛卿可得」之言。子路欣然奉之以告，未必不意夫子之見從也。而夫子答以「有命」，則固拂其意矣。及見南子，遂激發其不平之氣，忿然見於辭色。然當是時，不獨子路疑之，王孫賈亦疑之矣。子媚奥之諷，殆指南子而言也，後人所謂「奥援」，蓋出於此。但賈之詞微婉，故夫子應之亦甚從容。子路麁鄙，必然忿厲之甚，有未可遽解者，故夫子不得已而出矢言。然其所謂「天厭之」者，即「獲罪於天」之意，亦可見其曲折矣。此章之旨，舊説多欠分明，區區之見，似頗得當時事實，記以俟後之君子。

侯氏之説《中庸》，以孔子問禮問官，爲聖人所不知，似乎淺近，恐未得爲至也。以孔子不得位，爲聖人所不能，尤害事。如此則是孔子非無意於得位，但力不能爾，豈所以論聖人乎？大凡解釋經書，自不須一一引證，理明足矣。愚見以爲，天高地厚罔測所窮，古往今來莫窺所始，聖人所不知，殆此類也。有教無類，下愚不移，博施濟衆，堯舜猶病，聖人所不能，殆此類也。以此類求之，庶無遠於「至也」之義。

作人才，厚風俗，非復鄉舉里選之法不可。科舉取士，惟尚辭華，不復考其實行。其所得者，非無忠厚正直之士，任重致遠之才，然而頑嚚鄙薄，蕩無繩撿者，由之而進，亦不少也。官使既多若人，風俗何由歸厚？治不古若，無足怪也。誠使鄉舉里選之法行，則人人皆務修飭，居家有善行，居鄉有令名，則居官必有善政，其於化民成俗，豈不端有可望者哉！《易》：「窮則變，變則通。」孟子曰：「以其時考之，則可矣。」

「人而無恒，不可以作巫醫。」夫子善南人之言，殆亦有所感而發也。夫醫乃聖人仁民之術，所繫誠不輕矣。世之庸醫，《素》、《難》弗通，經脉莫辨，率以僥倖爲事，妄投湯劑，繆施針砭，本非必死之疾，因而誤死者往往有之，仁人君子安得不爲之動心也！然則教養之法，其可以不講乎？巫之所從來者亦遠，本以利人之生，而世之淫巫，往往假於鬼神時日以疑衆，坐妨人事，陰耗民財，爲害反甚。雖律有明禁，要不可不思所以處之之方。

文王之民，無凍餒之老，是五十者鮮不衣帛，七十者鮮不食肉也。今之稿項黄馘輩，歲得一布袍，朝夕得一盂蔬食，苟延殘喘，爲幸已多，何衣帛食肉之敢望邪？少壯之民，窘於衣食者十常八九，饑寒困苦之狀殆不可勝述。中間一二，歲計粗給，或稍有贏餘，貪官汙吏又從而侵削之，受役公門不過一再，而衣食之資有不蕩然者，鮮矣。此皆有目者之所共見，誠可哀也。仁人君子能不思所以拯之之策耶？

學至於自得，蓋難其人。苟能篤信聖人之言而力行之，其所自立亦可以無愧於君子矣。若夫未得謂得，言行相違，非余之所知也。

五行之質根於地，而其氣則運於天。根於地者，隨用而不窮；運於天者，參錯以成化。此理之可推者也。七政之齊，書于《舜典》，五辰之撫，著在《臯謨》。孟子亦有天時之説，其來遠矣。窮其本末，不出乎陰陽兩端。夫有氣斯有神，有象斯有數，變化紛紜，胡可勝紀？然太極之妙，無乎不在。其流爲讖緯、術數之學者，良由昧於至理而溺於偏見耳。高明之士，固宜知所決擇。如《洪範五行傳》之類，牽合附會，誠無足取，或乃并與其所當信者而不之信，至欲一例破除，將無矯枉過正已乎？

「思慮未萌而知覺不昧。」朱子嘗有是言，余嘗疑其欠一理字。精思默究，蓋有年矣，輒敢忘其僭越，擬用「所」字易「知」字，覺得意義都完，然非敢臆決也。《書》曰「顧諟天之明命」，《論語》曰「立則見其參於前也，在輿則見其倚於衡也」，非「所覺不昧」而何？此實平日存養工夫，不容有須臾之間者也。

近世言太極者，皆不出漢儒「函三爲一」之見。「函」字與「生」字意義大相遠，若非真見太極之本體，難乎與之論是非矣！

「當理而無私心則仁」，乃延平李先生之言，而朱子述之者也。此言須就人事上體認，内外兼盡則仁之爲義自明。或謂「當理即無私心，無私心即是當理」，而以析心與理爲未善，是蓋知其一而不知其二也。且如齊桓公攘夷狄以尊周，漢高祖爲義帝發喪，孰不以爲當理？謂無私心得乎？又如直躬之證攘羊，申生不忍傷父之志而自斃，其無私心不待言矣，謂之當理可乎？果如或者之言，則王伯將混爲一途，而師心自用之害，有不可勝救者矣。

聖賢立言，各有攸當，誠得其所以言之意，則雖説開説合，其理自無不通。伊川先生云：「『配義與道』，謂以義理養成此氣，合義與道也。方其未養，則氣自是氣，義自是義，及其養成浩然之氣，則氣與義合矣。本不可言合，爲未養時言也。如言道，則是一箇道都了。若以人而言，則人自是人，道自是道，須是以人行道始得。」他日又云：「《中庸》曰『道不可須臾離也，可離非道也』，又曰『道不遠人』，此特聖人爲始學者言之耳。論其極，豈有可離與不可離而遠與近之説哉！」向非伊川造道之深，安能説得如此分曉？故不知聖賢所以立言之意，未可輕於立論也。

延平李先生、南軒張先生所見皆真，有言皆當，宜其爲朱子之所敬畏也。延平因朱子喜看《正蒙》，嘗語之曰：「横渠説不須看。非是不是，恐先入了費力。」南軒因朱子有「人心之安者是道」一言，明謂：「此語有病。所安是如何所安？若學者錯會此句，執認己意以爲心之所安，以此爲道，不亦害乎！」此等言語，惟是經歷過來，方知其爲至論。不然，未有不視爲淺近者也。

南軒《與吴晦叔書》有云：「伯逢前在城中，頗款。某所解《太極圖》，渠亦録去，但其意終疑『物雖昏隔不能以自通，而太極之所以爲極者，亦何有虧欠乎哉』之語，此正是渠緊要障礙處。蓋未知物則有昏隔，而太極則無虧欠故也。若在物之身太極有虧欠，則是太極爲一物，天將其全與人，而各分些子與物也，此於大本甚有礙。」又《答胡廣仲書》有云：「『知覺終不可訓仁。如所謂『知者，知此者也。覺者，覺此者也』，此言是也。然所謂此者，乃仁也。知覺是知覺此，豈可遂以知覺爲此哉！」此皆切至之言，不可不詳玩也。近時講學之誤，正在此處。求如南軒灼然之見，豈易得哉！

《彖傳》「神道設教」一言，近世諸儒多錯會了，其所見率與杜鎬無異。夫惇典，庸禮，命德，討罪，無非神道設教之事，不可以他求也。蓋「一陰一陽之謂道」，「陰陽不測之謂神」。神道云者，合體用而一名之爾。天地間只是此理，故曰：「觀天之神道，而四時不忒。聖人以神道設教，而天下服矣。」此義不明，至使姦邪如王欽若者，得假之以欺其君，以惑其衆。學其可不講乎！

「居處恭，執事敬，與人忠，雖之夷狄，不可棄也。」「君子無終食之間違仁，造次必於是，顛沛必於是。」工夫即是一般，聖人之言初無二致。但前章三句説得渾淪。告樊遲者，較分明，易下手。年來常自點檢，只此數語，都不曾行得成箇片段，如何便敢説「仁能守之」？

庚辰春，王伯安以《大學古本》見惠，其序乃戊寅七月所作。序云：「《大學》之要，誠意而已矣。誠意之功，格物而已矣。誠意之極，止至善而已矣。正心，復其體也；修身，著其用也。以言乎己，謂之明德；以言乎人，謂之親民；以言乎天地之間，則備矣。是故至善也者，心之本體也，動而後有不善。意者，其動也，物者，其事也，格物以誠意復其不善之動而已矣。不善復而體正，體正而無不善之動矣，是之謂止至善。聖人懼人之求之於外也，而反覆其辭。舊本析，而聖人之意亡矣。是故不本於誠意而徒以格物者，謂之支；不事於格物而徒以誠意者，謂之虛。支與虛，其於至善也遠矣。合之以敬而益綴，補之以傳而益離。吾懼學之日遠於至善也，去分章而復舊本，傍爲之什以引其義，庶幾復見聖人之心，而求之者有其要。噫！罪我者，其亦以是矣。」夫此其全文也，首尾數百言，並無一言及於致知。近見《陽明文録》有《大學古本序》，始改用致知立説，於格物更不提起。其結語云：「乃若致知，則存乎心悟。致知焉，盡矣。」陽明學術，以良知爲大頭腦，其初序《大學古本》，明斥朱子傳註爲支離，何故却將大頭腦遺下？豈其擬議之未定歟？合二序而觀之，安排布置，委曲遷就，不可謂不勞矣。然於《大學》本旨，惡能掩其陰離陽合之迹乎？

王伯安答蕭惠云：「所謂汝心，却是那能視聽言動的。這箇便是性，便是天理。」又《答陸原静書》有云：「『佛氏『本來面目』，即吾聖門所謂良知。」渠初未嘗諱禪，爲其徒者，必欲爲之諱之，何也？《大學》八條目，八箇字虚，八箇字實，須字字看得有下落，不相混淆，方是本旨。而「先」、「後」兩字，果見得親切，自然那動分毫不得。若可隨意那動，先者可后，后者可先，則非所以爲聖人之訓矣。或謂「物格知至，則意便誠，心便正，身便修，更不用做工夫」。此言尤錯。即如此，經文何須節節下「而后」兩字乎？姑無取證於經文，反求諸身，有以見其決不然者。

湛元明嘗輯《遵道録》一編，而自爲之序云：「遵道者何？遵明道也。明道兄弟之學，孔孟之正脉也。」夫既曰兄弟矣，而所遵者獨明道，何邪？「『上天之載，無聲無臭』，其體則謂之易，其理則謂之道，其用則謂之神，其命於人則謂之性」，此明道之言也。「物所受爲性，天所賦爲命」，此伊川之言也。《中庸測》於「天命之謂性」旁註云：「命脉之命，難語。」又加一語曰：「命門之云。」《雍語》又曰：「『於穆不已』是天之命根。」凡此爲遵明道耶？遵伊川耶？余不能無惑也。《定性書》有云：「聖人之喜，以物之當喜，聖人之怒，以物之當怒。是聖人之喜怒，不繫於心而繫於物也。」《雍語》乃云：「天理只是吾心本體，豈可於事物上尋討？」然則明道之言，其又何足遵耶？名爲遵道，而實則相戾，不知後學將安所取信也？

《明論》、《新論》、《樵語》、《雍語》，吾閒中皆嘗披覽再三。中間以知覺爲心之本體，凡數處。又以天理爲心之本體，亦數處。不知所謂本體者，一耶？二耶？謂心體有二，斷無此理。體既不容有二，則其所認以爲天理者，非知覺而何？其教學者，每以「隨處體認天理」爲言，此言如何破得？但以知覺爲天理，則凡體認工夫，只是要悟此知覺而已。分明借「天理」二字，引入知覺上去。信乎，教之多術也！既又得觀其《問辨録》，乃有「知覺是心，必有所知覺之理」一言，似乎稍覺其誤。然《問辨續録》又其後出，復有「光明洞燭便謂之知性」之語。又其門人因或者「墮於有物」之疑，而自爲之説曰：「天理者，天之理也。天之理則有體而無物，變動不居，神妙不測，是故『知微知彰，知柔知剛』，『通乎晝夜之道而知』。何謂爲有物也？」答詞明以「此説見得是」許之。據此二條，似其惑終未之解。夫「光明洞燭」，「神妙不測」，心之爲物然爾，豈可認以爲性與天理乎？且「知微」以下五「知」字，皆指人而言，經文甚明，不應彼此俱失照勘也。

《雍語》有云：「佛之廣大高明，吾聖人已有之。而聖人之中庸精微，佛又何嘗有邪？」又曰：「中庸精微，即是此心感應發用之妙，而廣大高明則心體也。」據此言，則是佛氏心體與吾聖人無異矣。及答周衝問儒釋之辨，則曰：「聖人之學至大至公，釋者之學至私至小。大小、公私足以辨之矣。」夫既許之以「廣大高明」矣，何爲又有「至私至小」之議哉？蓋佛氏之廣大高明，即本覺之境界也，此正是元明悟處，其所謂「聰明聖知達天德」者即此，是以概之聖人而不疑。殊不知天德乃帝降之衷，非本覺也。本覺何有於中乎？不中故小，不中故私。狹小偏私，蓋先儒之所以議佛氏者，舍此則無以爲儒釋之辨，故不得不援之耳。

《新泉問辨録》有云：「不若大其心，包天地萬物而與之一體，則夫一念之發，以至天下之物，無不在内。」此非余之所敢知也。夫程子所謂「仁者，渾然與物同體」，乃其理之自然。今欲大其心以包之，則是出於人爲，非所以爲自然之理矣。如此體認，其於道也不亦遠乎？《中庸》論至誠之德，到其極處惟曰「浩浩其天」，此其所以爲實學也。

程子所謂「必有事焉而勿正，心勿忘，勿助長，未嘗致纖毫之力」，此其存之之道。須是灼見仁體後，方可議此。今猶未識仁體，便要做自然的工夫，已明是助長了。只管翻來覆去，將勿忘勿助四字滕説不置，豈程子之所望於後學乎？誠欲識仁，須實用格物工夫乃可。格物工夫脱不得勿忘勿助，然便要不費纖毫之力，是誣也。凡程子之言具於《大學或問》中者，斷不容易。真積力久，自當豁然有箇覺處，斯識仁矣。識仁固已得其大者，然其間精微處，未必便能盡。故程子又有「存久自明」之訓，説得都無滲漏也。以此知吾人爲學，必須循序漸進，範我馳驅，如行萬里之途，决非一蹴所能到。其或好高欲速，有能免於差謬而得所歸宿者，鮮矣！

孟子嘗言「堯舜性之，湯武反之」，又以「由仁義行，非行仁義」稱舜，其義云何？蓋「由仁義行」，自然從容中道，是則所謂「性之」也。「行仁義」者，於道亦無不中，所不足者從容，是則所謂「反之」也。

比觀《雍語》諸書，每自以爲「由仁義行」之學，謂世之學者皆只是「行仁義」，而以伯道眇之，其言殊可駭。夫苟能躬行仁義，惟日孜孜，斯固可以希反之之聖矣，求十一於千百，未易得也。彼伯道，直假之而已，何有於躬行乎？吾夫子嘗言：「有能一日用其力於仁已乎？我未見力不足者。」謂之「用力」，非行仁義而何？吾夫子不應錯以伯道誨人也。爲此言者，亦何不思之甚乎！且舜，大聖人也，其命禹也，猶曰「予違，汝弼」，未嘗自以爲聖也。吾夫子亦曰：「若聖與仁，則吾豈敢？抑爲之不厭，誨人不倦，則可謂云爾已矣。」由仁義行者之言盖如是。吁，言其可不慎乎？

《孟子》「盡心」一章，實與《大學》相爲表裏。盖「盡心知性」乃「格物致知」之驗也，「存心養性」即「誠意正心」之功也，「修身以俟」則其義亦無不該矣。孟得聖學之傳，實惟在此，始終條理甚是分明，自不容巧爲異説。且學而至於「立命」，地位煞高，非平生心事無少愧怍，其孰能與於此？

王、湛二子皆與余相知。於王，盖嘗相與論文而未及細，忽焉長逝，殊可惜也。湛則會晤絶少，音問亦稀。然兩家之書，余皆得而覽之。區區之見，終未相合，因續記一二于册。道無彼此，自不容有形迹之拘。後之君子，幸從而折其衷，斯道之明庶乎其可望矣。

宋儒林希逸嘗著《三子口義》。近有以刻本貺余者，因得而徧覽之。其於莊、列兩家，多用禪語以釋其義，往往皆合。余嘗謂「莊子、列子出入老、佛之間」，乃知昔人固有先得我心者矣。希逸高才能文，學博而雜，亦是無奈胸中許多禪何，故假莊、列之書以發之。然於二子本意，十可得其七八，明白條暢，賢於郭、張之註遠矣。至於老子，殊未見得，只是以己意湊合成文。盖此書劈初便説「無名，天地之始；有名，萬物之母」兩句。至第二十章，乃曰：「我獨異於人，而貴食母。」五十二章又曰：「天下有始，以爲天下母。既得其母，以知其子。既知其子，復守其母，没身不殆。」五十九章又曰：「重積德則無不克，無不克則莫知其極。莫知其極，可以有國。有國之母，可以長久。是謂深根、固柢、長生、久視之道。」五千言中，「母」字凡屢出，詞皆鄭重，則此一字當爲一書之要領無疑。中間許多説話，皆是作用工夫。其言取天下，言治國，言用兵，諸如此類，皆是譬喻，其道不出乎深根固柢而已。希逸於譬喻之言亦看得出，但不知其要領之所在耳。三子者之言，皆非正當道理，本無乏論，顧其言頗有切中事情者，至於造化之妙，亦時或窺見一二，要在明者擇之。

「擇焉而不精，語焉而不詳。」此言以議楊子雲可也。荀卿得罪於聖門多矣，「不精」惡足以蔽之？如蘇東坡所論「喜爲異説而不讓，敢爲高論而不顧」，乃爲切中其膏肓之病耳。且如《非十二子》及《性惡》等篇，類皆反覆其詞，不一而足，不可謂不詳矣。顛倒謬戾一至於此，尚何詳略之足議耶？韓昌黎之待荀卿，未免過於姑息矣。

文中子議論，先儒盖多取之。至於大本大原，殊未有見。觀其稱佛爲「西方之聖人」，可以知其學術矣。

歐陽子所著《本論》，盖原於《孟子》「反經」之意，可謂正矣。惜其不曾就君相之身，直推明大本所在，猶落第二義也。夫教由身立，法不徒行。誠使君相交修，明善以誠其身，稽古以善其政，風行草偃，乃其自然之理。邪慝之息，寧須久而後驗乎？

蘇東坡論子思、孟軻及楊雄，累千百言，於性實無所見。獨所謂「天下之言性者皆雜乎才而言之」，此言却偶中也。自楊雄而下，以及近世諸儒，誤處往往在此。有能洞明思、孟之本旨者，豈非後學之大幸歟？

張子曰：「合性與知覺，有心之名。」盖兼人心、道心而言也。程子曰：「自存諸人而言謂之心。」則專指道心而言。道心即性，性命於天。程子方欲申明其所謂一理者，故於人心有未暇及爾。夫理之所在，神明生焉，理一定而不移，神萬變而不測。凡有心者，體用皆然。須如此推尋，心之爲義方盡。張說可疑乃在上三句，末句則明有所本，初非臆見，自不容不尊信也。

困知記四續

凡三十一章

《大學》誠意是一刀兩段工夫，正心、修身是磨稜合縫工夫。

《大學》所謂「明德」，即《中庸》之所謂「德性」。《章句》似指心而言，與《孟子集註》「盡心」之解無異，恐當與德性一般解説，於義爲長。

《生民》之詩，恐當從毛説爲正。元妃、世妃之辨雖久遠難明，然姜嫄固爲人婦矣。夫爲人婦，祈子而得子，此常理也，安得謂之「無人道而生子」乎？然其所以見棄者，意必有奇形怪狀，可駭可疑，如宋芮司徒女子之比，其爲祥爲妖，莫可測也。故屢置之危地以驗之，至再至三而不死，則其爲祥也可知矣。是固天意之所存也，何取於巨人跡乎？玄鳥生商，毛説亦正。

《先天橫圖》最宜潛玩。奇偶二畫之中，當一線空白處，着「太極」兩字，其旨深矣。陽奇而陰偶，二氣流行不容有纖毫間斷，但畫而爲圖，若非留一線空白則奇偶無自而分，此即邵康節所謂「一動一靜之間，天地人之至妙至妙者也」。偶畫亦有空者，蓋二氣之分，實一氣之運，直行去爲陽，轉過來便是陰，須空一線，方見其轉折處。陰之本體，只是後半截耳。只此一奇一偶，每加一倍，其數至不可勝窮。然倍至六畫，則三才之道包括已盡。圖雖無文，而其理甚顯，要在默而識之。

范景仁、司馬君實皆以文王配上帝，終周世常然。此當爲不易之論。

孔門諸弟子之言，散見《論語》中者凡四十五章，《子張》第十九在內。若挑出别爲一篇，以附《堯曰》篇後，尤得尊聖言之體。當時記録者慮不及此，何也？

《洪範》「五行」，以其爲民生日用之最切者，故列于「九疇」之初，所謂「民非水火不生活」也。五事，固切於人身，然心稍有知識，習聞師訓，乃能以漸修其德而弘其用，故次之。蔡傳謂「五事本於五行」，殊未見得。謂「庶徵本於五事」，詳經文「驗用」之義，「本」字疑亦未安。又以庶徵配五行，則箕子原無此意。蓋五行，質也，質附於地。庶徵，氣也，氣運於天。以「潤下」、「炎上」等語觀之，謂「在天爲五行」，非其實矣。看來庶徵一疇，但順經文解説，便見天人感應之理，似不必過求。

《中庸章句》解「天命之謂性」，大概是祖《太極圖説》。「氣則陰陽五行，理則健順五常。」欲令一一相對，自不覺其言之多也。然太極乃性命之全體，恐須提出此兩字，方見頭腦分明。

《中庸章句》謂：「非存心無以致知。而存心者又不可不致知。」説得極是。但謂「尊德性所以存心」，質之孟子「存心養性」之言，似乎倒説了。且專言知而不及行，終是欠事。余嘗再三尋繹，見得「致廣大」、「温故」兩句是致知工夫，「極高明」、「敦厚」兩句是力行工夫，此皆問學之事，即所以尊德性也，意義甚明，但與《章句》欠合。又嘗從頭體認，見得「洋洋乎」三句是以造化言，「優優大哉」三句是以人事言。即其散殊觀之，爲萬爲千，皆小也。自其體統觀之，合千萬以爲一，不亦大乎？德性之中，固無不具學問之道，又安得遺其大而專力於其小也？恐不須分小大立説。往《答林次厓書》雖嘗引《章句》爲證，只是要見兩股分曉，義無取於小大也。

議禮最難，蓋天下之事，有常有變，所遇雖異，而其理皆有不容易者。要在虚心無我，庶幾得之。或稍有偏徇，則更無可言者矣。

喪禮之廢，莫甚於近世，更不忍言。其所以異於平人者，僅衰麻之在身爾，況復有墨其衰，以營營家計者乎！

世道升降繫於人，不繫於天。誠使吾人顧惜廉耻之心勝於營求富貴之念，三代之盛未有不可復者。

嘗聞京師有講攘搶之謡，士風之陋一至於此，非國家之福也，此當有任其責者。

《詩》云：「昊天曰明，及爾出王。昊天曰旦，及爾游衍。」又云：「無曰高高在上，陟降厥士，日監在兹。」何等説得分明！只是人不見。《詩》云：「雝雝在宫，肅肅在廟，不顯亦臨，無斁亦保。」此文王所以與天爲一也。

「有來雝雝，至止肅肅。相維辟公，天子穆穆。」余嘗喜誦此數句，但覺其妙，而不能言其所以妙者。

劉静修有詩云：「鳥聲似共花枝語，好箇羲皇向上人。」覺得頗露筋骨。楊月湖特稱賞之，人各有所見耳。

陳子昂《感遇》詩首章僅四十字，太極生生之妙，陰陽消長之機，隱然皆見於言外。非有所見，安能及此？然不知反求諸身，只將作外邊物事看了，故無益於脩德之實。「知者見之謂之知」，其諸若人之類乎！

孔父、仇牧、荀息之死，《春秋》皆書曰「及其大夫」。説者皆稱孔父「義形于色」，仇牧「不畏强禦」，荀息「不食其言」，故爲聖人所與。余意不然。仇牧事迹弗詳，姑勿論。若孔父狥其君，以數戰殃民，民心離矣。荀息狥其君，以廢嫡立庶，諸大夫之心貳矣，督與里克因是乃敢肆其逆謀。即此論之，二人之罪，自不容掩。縱其大罪而取其小節，豈所以爲訓乎？原二人之心，所以曲狥其君之欲者，凡以爲利其身家計耳。安知貽禍其君若是之烈，而其身卒亦不免，則所謂身家之利果安在哉？竊詳經意，蓋所以深著一人不忠之罪，爲萬世人臣懷利以事其君者之大戒耳。「義形于色」之説，《左傳》無之。《傳》引《白圭》之詩以斷荀息之事，司馬温公獨看得好，以謂：「荀息之言，玷於獻公未没之前，而不可救於已没之後。左氏之志，所以貶荀息，而非所以爲褒也。」以此觀之，是二人者，必非聖人所與。仇牧之死，亦可例推。

「以傳考經之事迹，以經别傳之真僞。」程子此言，學《春秋》者斷不容易。傳之所以有僞，蓋傳聞之誤耳。愛憎之言，何所不至？一或不審，而遂書之于册，流傳既久，孰從而正之？此史家之通患也。聖經筆削，必無所苟。故凡三傳之説，有與經文不合者，但當一以經文爲正，則辭不費而理自明。

一部《戰國策》無一句仁義之談。孟子與齊、梁之君如何説得相着？事勢至此，要是無下手處，在聖人則不可知耳。

唐郭中令子儀，我朝魏國公達，皆有大賢之資，誠加之學問，與伊、吕殆相伯仲矣。

人莫貴於自反，可以進德，可以寡怨，可以利用安身。其説已備於孔、曾、思、孟之書，但少見有能尊信者耳。若每每怨天尤人，而不知反求諸己，何但出門即有礙耶？

告子以義爲外，孟子非之，是矣。但詳味孟子之言，疑亦有所未盡，蓋仁義皆合内外之道也。《論語》曰：「義之與比。」就「與」字看，便見分曉。

《論衡》述太伯入吴采藥及後來讓位事，本末頗詳，宜必有據。謂「太王薨而太伯還」，尤可見其哀慕之至情，不失送終之禮。果如是，毫髮無遺恨矣。

吾家所藏王充《論衡》乃南監本，卷末有安陽韓性一序。非有本之學，不能爲此文，其亦可謂知言矣。性所著書凡數種，意必多所發明，惜乎不可得而見也。

文貴實。《詩》、《書》之文，無非實者。《易・彖》、《象》之辭特奇，然皆實理，無一字無落着，故曰：「《易》奇而法。」近世作者往往以新奇相尚，要皆子虚烏有之類耳。

「文起八代之衰」，此韓文公之所以爲文也。近時學者反極力追蹤八代，何耶？

明道先生嘗歷舉《繫辭》形而上、下數語，乃從而申之曰：「陰陽亦形而下者，而曰道者，惟此語截得上下最分明。元來只此是道，要在人默而識之也。」截字當爲斬截之意。蓋「立天之道曰陰與陽」及

「一陰一陽之謂道」二語，各不過七八字耳，即此便見形而上、下渾然無間，何等斬截得分明！若將作分截看，則下句「原來只此是道」更説不去，蓋道器自不容分也。

「理同而氣異」，「氣同而理異」，此兩説質之《大傳》「形而上下」之言，終覺有礙。必須講究歸一，方得觸處洞然。

明道先生《答定性書》有云：「且以性爲隨物於外，則當其在外時，何者爲在内？是有意於絶外誘，而不知性之無内外也。」此數句最緊要，最要體認。若認得分明，去用「廓然大公，物來順應」工夫，方有下落。「性無内外」云者，内外只是一理也。

余嘗誌楊文恪公之墓。公所著述，書目頗多，皆據行狀收入，然皆未及見。内《皇朝理學名臣録》，頃年方見刻本。公固近世之名臣也，《録》中所采，不謂之休休有容，可乎？

《記》凡六卷，首尾經二十年。體認之功，不爲不勤，而反躬實踐，終未之有得也。年且耄矣，其能復少進乎？四續刻完，因書以寓歎。

嘉靖丙午端陽日整菴識。

困知記續補

答胡子中大尹書

頃承見惠長書，欲以發老朽之所未發，愛厚之意，何日忘之！第素愚且耄，媿無以奉酬高論也。來書反覆乎致知格物之説，不下二千言，大概以《傳習録》爲主，將誠意與格物、致知打成一片，更無先後之分。考之《大學》經文，容有未合，程、朱訓釋，更不待言。然以爲其説甚長，其未明既久，非有定見，殆不能爲此言也。夫所爲講學者，只緣燭理未明，懷疑未決，故須就朋友商量切磋，審求其是，以弗迷其所往。若所見既定，固當自信而無疑矣，而又奚講焉？且區區謬見，皆嘗著之於篇。賢契既不鄙而徧閲之，異同之際，度已判然如黑白之在目矣，而未聞稍契正。使猶有精華可發，亦將何自而入，以究其是非之實哉？況實無所有也。然賢契格致之説，雖非僕所敢知，其以獨知爲持循之地，則固自修之第一義也。誠加以固守力行之功，必無自欺，必求自慊，所以潤身而及物者，將豈無其驗乎？老朽屬望，實惟在此，計亦賢契之所自勵而不能自已者也。更有少瀆。來書所舉「窮致事物之理」一句，朱註原作「至」字。又「窮致中和之理」一句，則朱註所無。且《大學》、《中庸》篇首兩「致」字，朱子皆未嘗以「窮」字訓之，亦不容不爲之别白也。一字異同，毫釐千里，切希照悉。

與鍾筠谿亞卿書

四月六日，得去年五月所惠書，開封詳讀，宛然故人之在目也，欣慰無量。緬惟養高林下，心逸日休，剛方之氣不衰，進修之志逾勵，所以增光吾道者多矣。僕年來逾覺衰憊，勉圖寡過以畢餘生，而過終未能寡，無足爲知己道者。承語及拙《記》，以「滋味自别」見稱，其言過重，媿非淺陋所能及。然拙《記》之出，朋友間盖多見之，求如執事之能留意者鮮矣。近時學子，大抵悦新奇而忽平實，就令鄙説稍有滋味，亦何自而相入乎！以此知高明之學，篤於爲己，精於取善，志同而聲應，僕將不至於孤立矣，何幸如之！惟是各天一方，無緣聚首以資切磋之益，念之未嘗不惘然也。往歲甲午秋，嘗辱書及賀儀，追謝弗及。其冬即作報書，與舍姪入京覔便轉寄，不意中途遭水，書、幣皆壞。續令小兒抄白原書寄上，又不審何緣未達，深媿簡禮。今作此書，恃有令郎大人可托，亦未卜何時方徹尊覽。令郎克承家學，才志卓然，雖仕途稍淹，要爲遠到之器。前者亦蒙惠問，愛有所自來矣，何日忘之！山林日長，必多著述，如《疑誼録》之類，便中倘蒙寄示一二以相啓發，幸甚。拙《記》頗嘗增續，及近《答湛甘泉司馬》一書，輒以求教，有合商量者，不惜逐條批諭，尤感。臨書倍勤馳遡，惟冀爲斯文寶重，永綏多福，不宣。

與崔後渠亞卿書

石江少宰過家，承惠教札及新刻《楊子折衷》，極感能念。伏自光膺召命，再入翰林，旋佐邦禮於南都，屢欲專書奉賀，因乏便未果，竟辱先施，負媿多矣。執事高尚有年，進修不懈，著爲文字，經緯整整，而一味崇正，尤用嘉歎。究觀新刻湛甘泉太宰之辯，可謂諄詳，而執事之助之也尤力，志同聲應，異說其將息乎！然僕以所通之理爲道，甘泉以精神之中正爲道，是亦不能同也，未審高明何以處之？僕年來目益昏，耳益聵，有書不能讀，朋來不能講，茅塞已甚，夫復何言！斯道之明且行，惟吾後渠暨同志諸君子是望，想切留意也。茲遇舍親曾舉人行便，專此寓敬，因附見區區，伏希亮察，不宣。

答蕭一誠秀才書

音問不通，蓋兩年矣。近得前月二十二日所惠書，并疑問十六條。披覽一再，足見向道之勤，良用嘉歎。但書中「開門納士」之諷，似猶未免於殉名也。老夫山居歲久，門無日不開，朋來未嘗不見，苟有所問未嘗不悉心條答，此開納之實也。若彼不吾向，而乃崇飾標榜，誘之使來，是「我求童蒙」也，是好爲人師也，豈不有昧於聖賢之訓哉！此老夫所不能也。至若十六條之問，多是主張自家見解，詞若謙而氣則盈。老夫茫然，殊不知所以爲答。大凡講學，須是本領上所見略同，又能擇所信從而不爲異説所惑，方好商量。不然，則雖往復頻煩，只滕口説，終無益也。拙《記》累千萬言，緊要是發明心性二字，蓋勤一生窮究之力，而成於晚年者也。雖或其間稍有未瑩，不應便到「相背而弛」。今吾子云然，是乃全不相契，而其所見，殆非老夫所及矣，尚安能有益於吾子，猶欲使之譊譊焉以重訾其失哉！❶雖然，老夫蓋嘗有所感矣，不可不一言之。近世以來，談道者所在成群，而有得者曾未一二見，其故何耶？患在欲速而助長耳。孔子云：「欲速則不達。」孟子云：「助之長者，揠苗者也。非徒無益，而又害之。」程子云：「若急迫求之，則是私己而已。終不足以得之也。」此皆切至之言，吾子盍試加循省？倘微有此病，宜速除之。就將所論人心道心四言，朝暮之間潛心體認，功深力到，自當見得分曉，切不可着一毫安排布置之私。所見果親，則凡今日之所疑者，皆將涣然冰釋，而無事於多辨矣。不審能信得及否乎？隨機接引，老夫所短。後生可畏，必須循序而漸進。此區區愛助之意也。

太極述

周元公先生之《太極圖》，朱文公先生所以尊信而表章之者，至矣。愚嘗熟玩其圖，詳味其説，雖頗通其大義，然不無少疑。首疑「無極之真，二五之精，妙合而凝」之言，未免析理氣爲二物，其説已見於《困知記》中矣。次疑「聖人定之以中正仁義而主静」，不審爲聖人自定耶？爲定天下之人耶？以

❶「訾」，嘉靖本作「譖」。

爲自定則「欲動情勝」，乃聖人之所必無。以爲定天下之人，則「主静」二字難得分曉。朱門嘗有問及此者，所答亦未見如何。至論下學工夫，僅有「君子修之吉」一言，疑亦太略。且其圖之作，雖極力模擬，終涉安排，視《先天圖》之易簡精深而妙於自然，恐未可同年而語也，豈元公未嘗見此圖耶？頃因朋友間有論及周學者，愚謂：「天地造化之妙，聖學體用之全，《易》中言之甚悉，《太極圖説》殆不能有所加。」雖有此言，而意則未盡也，於是略倣周説首尾間架，錯取吾夫子《十翼》中語，組織成篇，以盡愚意。而以先天八卦揭于篇端，其象既陳，其妙因可默識，顧用心專一何如耳。凡此皆傳吾夫子之舊，不敢妄贊一辭，故名其篇曰《太極述》。錯取云者，不拘經文前後，要在血脉貫通，亦非敢自用，蓋竊比《大學》、《中庸》引用《詩》、《書》例云。

八卦
四象
兩儀
太極

「易有太極，是生兩儀，兩儀生四象，四象生八卦。」

太極之名始此，述此以明太極之全體也。學者當於一動一静之間求之。

「是故剛柔相摩，八卦相盪。鼓之以雷霆，潤之以風雨，日月運行，一寒一暑，乾道成男，坤道成女。」

述此以明太極之妙用也。

「天地絪緼，萬物化醇。男女構精，萬物化生。」「一陰一陽之謂道，繼之者善也，成之者性也。」

述此以明萬物之生無非二氣之所爲，而一物各具一太極也。

「仁者見之謂之仁，知者見之謂之知，百姓日用而不知，故君子之道鮮矣。」

述此以見人性皆善，而其分不能不殊也。

「君子體仁足以長人，嘉會足以合禮，利物足以和義，貞固足以幹事。君子行此四德者，故曰『乾，元、亨、利、貞』。」

述此以明聖學體用之全，即所謂君子之道也。

「大哉，乾乎！剛健中正，純粹精也。」

吾夫子贊乾道之大，累至七言，而歸結在一「精」字。文公謂：「純粹乃剛健中正之至極，而精者又純粹之至。」極得其旨矣。所謂「純粹之至極」，非太極而何？

故述此以明太極之義，以終此篇之旨。

整菴存稿題辭

余嘗著《困知記》六卷，乃平生力學所得而成於晚年者也。以俟後之君子，宜必有合焉。凡應酬詩文，積數鉅册。盖非所喜爲者，始焉出之弗慎，後來遂不得而辭，操筆輒書，粗淺無法，勉以狥人，可愧多矣。顧嘗費日力，勞心思，不忍悉棄也。居閒無事，擇其稍可觀者，以類相從，得二十卷，題曰《整菴存稿》，藏之家塾以示吾後人。餘稿則盡焚之。後之人於吾晚年成説，果能究心，則聖賢門户可得而入，繼述之善，何以加此！或不免爲詞章之學，亦當取法於古之作者，毋事浮夸，以踵余愧，此余所以垂示之意也。其慎藏之。

謝恩疏併部咨

禮部爲謝恩事，儀制清吏司案呈奉本部送禮科抄出原任南京吏部尚書改吏部尚書未任致仕臣羅欽順奏該禮部題爲優禮耆舊以勸勵後學事，節該欽奉聖旨：「羅欽順，部首重臣，年至八十，照例賜以羊、酒，着撫按官及門存問，仍月給食米貳石，歲撥人夫四名應用。欽此。」欽遵。備行江西布政使司轉行到臣本府縣。嘉靖二十四年四月二十六日，本縣移臣知會隨該欽差巡撫江西等處都察院右副都御史虞守愚、巡按江西監察御史魏謙吉到臣私宅，以禮存問。臣當即望闕叩頭，祗受羊、酒訖，理合具本謝恩。伏念臣性稟顓蒙，行能淺薄，劣通章句，遂忝科名。久縻倉廩之儲，曾乏絲毫之益。時逢嘉靖，運屬休明，庶勉策於疲駑，俄驟罹乎家難。星霜屢易，疾疢相仍，方當杜門伏枕之時，節奉典禮持衡之命，信清時之可戀，揣縣力以難堪，切恐孤恩，終成誤國，連章丐免，萬幸矜從。荷恩數以逾涯，悵餘生之莫報。流光易邁，但期勉率乎天常；正學難明，更擬精求於古訓。顧聰明之已耗，嗟志慮之徒存。豈意頹齡，重紆皇眷。門墻卑淺，望高天使之臨；錫予駢蕃，榮類康侯之接。居慚盛典，誤及凡才，兹蓋伏遇。我皇上仁配乾元，德符坤厚，尊臨大寶，默運洪鈞，制作兼乎百王，甄陶盡乎庶類。遂使山林之枯朽，優霑雨露之甘濃，慶洽儒紳，詠歌相屬，歡騰婦子，感戴交深。媿已負於捐軀，誓不忘乎結草。伏願斂時五福，日靖四方。念高皇締造之惟艱，恪遵祖訓；思元子諭教之宜蚤，慎簡宫僚。郊廟尊嚴，百神受職，閭閻給足，九敘惟歌。綿聖壽於無疆，固皇圖於有永。非獨愚臣之至願，實惟海宇之同情也。臣感極詞繁，無任戰悚屏營之至。

等因吴本該通政使司官奏，奉聖旨：「覽卿奏謝，朕知道了。禮部知道。欽此。」欽遵。抄出送司，按呈到部，繹讀前疏。仰見尚書羅學究根源，德修純懿，譽望重於朝野，縉紳仰爲斗山。因進謝而獻規，見老成之憂國。既還田而念主，實畎畝之餘忠。允爲社稷宗工，人物司命，而後學所當誦服者也。爲此合咨前去，煩爲欽遵知會，須至咨者。

整菴履歷記

余平生無可稱述，惟是履歷之概，不可不使吾後人知之。居閒無事，時追憶其一二，識之於册，事各繫於其年，辭則悉從其實而已。

成化元年乙酉。十二月辛巳時加辰，余生於浙東青田之官舍。先公時爲其邑教諭，蓋六年矣。

五年己丑。先公官滿還鄉，學舍中門巷曲折，歸途山行川泛，余略能記之。

七年辛卯。春，初入學。夏，先公履安慶教授任。秋，隨先祖母王夫人、先母曾夫人赴官所。曾夫人常言：「吾兒初入學便循循守規矩，不與他兒同也。」

十一年乙未。先姑夫蕭貴步先生來訪親，先公留之館。余從受業，初學作五七言律詩。

十三年丁酉。夏，先公膺閩藩聘，往考鄉試，蕭先生亦還鄉應舉。余獨處一齋，讀書習字未嘗輕出。間一二日，則往就司訓趙先生解釋《大學》數條，略能領其大旨。朋輩或相拉遊戲，輒辭之，盖性所不好也。

十四年戊戌。春正月，例改題門符。余輒題兩語云：「不規規於事爲之末，但勉勉於仁義之天。」見者頗加歎賞。三月，先公還任，同官指門符謂先公曰：「令郎已能道此語，何尚不令習舉業乎？」先公曰：「欲其多讀書爾。」乃遣從丁宗仁先生學。端午日，先生面試《論語》義二篇，未午呈稿。覽畢，見諭曰：「子學文未久，所作遂能合格，且如是其敏。第勉力，不患不遠到也。」歸，先公令誦所作，良色喜。無何，聞士美、文甫兩曾先生俱及第，先公因賦二絶句柬丁。其一云：「雅彦龍頭真極選，探花又喜見曾追。便須發奮思齊駕，問學工夫可暫離？」其二云：「吾鄉多士皆騏驥，逐電奔雲不可追。駑劣自慙空老大，還看緑耳與纖離！」時余年方十四，先公屬望已不淺矣。丁先生名榮，懷寧庠生，其學行素爲先公所重，後中成化丁未進士，未授官而卒。

十五年己亥。春，得咳疾，久而未愈，先公頗以爲憂，醫療勤至。既愈，日授庭訓，不及從他師。

十六年庚子。春，從王應禎先生學，與戴天錫同窗。天錫長余一歲，頗見推讓。其秋，先生及天錫皆中鄉舉。後先生未仕而卒。天錫亦中丁未進士，累官桂林知府，罷歸。冬，先公官滿，挈家還鄉。

十七年辛丑。夏四月，余受醮命，娶于同里曾氏。秋八月，先公赴京。

十八年壬寅。春三月，先祖母王夫人卒。冬十月，先公守制來歸，喪葬諸事皆命余相守菴叔父理之。

十九年癸卯。秋，郡邑取中鄉試，比至會城，提學鍾公卧病。時生儒未試者七八百人，兩司諸公乃合而試之。令嚴甚，不許屬稿。所取僅四之一，余忝首名。

二十年甲辰。讀書里之雙龍觀中。

二十一年乙巳。夏四月，先公起復，赴京。余始受命理家。

二十二年丙午。郡試，提學試，巡按御史試皆叨首選。時提學爲瘠茂馮公，獎與尤至。

弘治二年己酉。小試，爲太守顧公天錫所賞，後爲提學敖公靜之所黜，論偶失旨故也。

三年庚戌。春，赴南雍省侍。至則率季弟允恕讀書于率性堂之右廂，凡數月。秋暮方抵家。

五年壬子。秋，赴會城應試。八月初七日夜分，吐瀉交作。比曉，息僅屬，勢頗危。日中猶未能食，既而酣睡，入夜精神方稍回。已決意不入場矣，所親力强之，飯數匕，夾持以往。顧病體不堪重勞，乃謂所親曰：「日加申，吾當出，宜具粥以需。」竟如所約。三場畢，自度必中，中當不出十名，然不意遂叨首選也。冬十一月，與徐廣威同舟北上。至南都，余入省二親。廣威入省其兄廣賢夏官。臘月既望，乃聯騎渡江。至徐，買車同載。

六年癸丑。春正月九日，至京師。會試榜出，余名列第七，修撰錢與謙先生所取士也。錢批余論首云：「有相業者作。」士夫往往爲余誦之。然《録》中所刻，乃出錢手，非余本色也。廷試，擢第一甲第三名，賜進士及第。既而聞閣老丘文莊公閱余所對策，過有褒語。徐文靖公覆視頗摘其瑕。余自是益留心於學，皆二公玉成之賜也。釋褐，授翰林院編脩，階承事郎。朝退輒閉門讀書。天性簡直，拙於人事，交遊甚寡。凡閱歲貢生及考滿訓導試卷，未嘗過刻，亦不苟容。有執贄求見者，悉堅拒弗納。每得先公書，亦未嘗不以此爲戒也。

八年乙卯。夏四月，先公以考滿到京。居兩月，陞國子助教，徙居退省堂。間數日輒一往省。冬十二月，聞母夫人之訃。

九年丙辰。春二月，先公乞休得允，遂同舟南還。閏三月抵家，以冬十二月襄事。

十一年戊午。春三月，釋服。夏四月，始出邑城謝諸親友。冬十一月，北上。

十二年己未。春二月，至京，隨復原職。二弟同中進士，遂同居。夏五月，滿初考，蒙恩授敕命，進階文林郎，封先公編脩，贈先母孺人，内子亦受孺人之封。

十五年壬戌。春二月，同考禮部會試。得一卷，三場俱優，而藏鋒斂鍔，意其必困於累舉者，頗疑爲鄉友蕭時堅，然不敢以私廢公，遂定爲本房之冠。主考吴匏菴先生置之首選，及拆卷，乃景陵魯鐸，果丙午舉人也。俄充經筵展書官。夏四月，陞南京國子監司業。先年起蘭谿章公懋爲祭酒，公以家難辭。詔推補司業以需，而余適承乏。盖此員缺而不補，垂七十年矣。夏六月，履任。監規積弛，士多放逸，每遇差撥即争辨紛如。余謂：「放心宜收，非管攝之嚴不可；争風宜息，非稽考之精，予奪之公不可。」持此三者甚力，始而怨謗交集，終亦安之，六館肅如。奏疏言：「下第舉人當入南監者，正宜及時作養，顧往往徑自回家，虛縻歲月，可惜。請立法以拘制之。」當道雖以爲然，然不肯盡從吾所立法，蓋惟恐人情不便也。

十六年癸亥。春二月，先公至自杭。初，余改官即以迎養請，先公許來一視。過杭，則留仲弟允迪所，專使再往乃至。秋八月，大司成章公抵任。未數日，寮屬中有間之者，公頗置疑，徐而察之，知所言皆妄，乃深相信。自是凡事必以見咨，余靡不盡心。相處僅踰年，逐相乖隔，然書尺往來不絕。平生寮友之相得者，公其最也。

十七年甲子。冬十二月，得告，奉先公還鄉。在任將二年，所獎進之士，如吴惠、汪立、王思、陸深、嚴嵩、董玘、張邦奇、湛若水、楊叔通、陳沂、盛儀、潘鑑、曹琥等，後皆有名，亦自喜其不謬。所媿學力未充，未能相與痛加切磋耳。

十八年乙丑。春正月，道杭，少駐。二月，抵家。秋，疏乞終養。馬端肅公時爲太宰，謂終養之例，須單丁乃許，今有兄弟三人，然三人皆從宦，情固可推，理宜酌處。乃行原籍查勘。

正德元年丙寅。勘文到部，馬公已去位，代者漫無可否，倚閣踰年。

二年丁卯。春，有爲余叩其所以者，該司固云例不合，乃檄有司催余還任。欲再疏，慮曠日彌久，乃以冬十月復莅南雍。時大司成則歷城王公勑也。

三年戊辰。春二月，將滿考。時逆瑾方作威福。南銓忽用其新例，將以余給假始末具奏。或謂還任在新例前兩月，勿奏可也。該司慮禍及，不聽。野亭劉公，時爲太宰，謂余：「奏可緩發，子宜以考績先行。一面瑾，固當無事。」余心知奏上必無全理，然或如所謂，將舉其平生而盡棄之，乃遜辭謝曰：「感公厚意，但非力所能，願早爲發奏，俾某得共子職，爲賜多矣。」野亭爲之色動。四月，得報除名。聞吏部據南銓奏辭，具新舊例兩請，瑾果怒余簡伉，竟用新例以示威云。六月抵家，先公泰然如平日。

五年庚午。秋八月，更化詔下，復原官。冬，復被南雍之命。

六年辛未。春三月，抵任。時大司成則永嘉王公瓚也。五月，上《獻納愚忠疏》，疏入，留中。秋七月，聞鄉郡有警，急遣人奉迎先公，九月至官舍。冬，復迎守菴叔父來居。

七年壬申。夏四月，以新例考舊績，將北上。仲弟允迪使來迎父、叔，余送至嘉興而別。抵淮安，病弗能前，入疏請告。踰月，回至龍江，寓禪菴以俟報。部書至，乃俾余還任調理。再疏懇之。秋七月，流賊劉六等驟至江上，人争走避，余不得已，復入城。八月得報，陞南京太常少卿。知再疏未達，乃復令人入疏。吏部覆奏，奉旨不允。蓋余自入春來，覺心氣虚怯，狀若怔忡然，切欲閒居静養，而連疏不遂。冬十一月，乃勉强供職。

八年癸酉。弘治間，嘗有詔録開國諸功臣後。鳳陽有郭琥者，奏稱滁陽裔孫，過有希望，當道頗難之。再奏乃得冠帶。其意未滿，復奏乞一官，遂經營得奉祀，蓋虚銜也。無何，又欲比徐、楊二王，求立祠祭署。祠祭署隸太常，乃數造太常，請爲具奏。河東張公芮爲卿，既許之矣，余未聞也。是春及夏，琥又迭來懇請，張公將從之。余曰：「兹事未可輕易。徐、楊二王皆太祖至親，滁陽則以義合。

其追封王爵，或以大國，或以郡，明有差等，故祠祭署自難概設。且當時一署之設以墳，今爲琥請，何理也？」張公直視無言，第令琥姑俟之。後察知余意堅不可回，乃已。琥乃自入奏。事下吏部，冢宰邃菴楊公洞燭其情，惡其僭妄，遂請削其奉祀。滁人聞命下，莫不快之，張公猶爲余言「邃菴太過」，人性之蔽有如此者！余又考勑賜滁陽王廟碑，已明言王無後。琥雖或有來歷，如碑文何！當初似久參詳。以此知當官處事，雖微不可忽也。秋，兩京先後缺祭酒，余連被首薦，皆不果用。有一前輩意余將不釋然，每見輒致寬慰語，且諷余拙。余頗訝其不相知，因賦三絕句曉之，其卒章云：「伊洛淵源世所宗，高談性理半雷同。若無上蔡除根力，遠隔程門一萬重。」及再見，頗有慙色。

十年乙亥。夏五月，陞南京吏部右侍郎，六月履任。友人曾元之在京師以書見賀，有云：「凡遇員缺，再推而得之者，在他人，人皆曰人也，非天也；在先生今日，人皆曰天也，非人也。」余頗以元之爲知言。秋九月，兼攝南京工部事。是月晦，封孺人曾氏卒于官所。余妻賢而不壽，且余乍進乍退，故封號未及有加，心切哀之。冬十月，令子珝扶柩歸葬。

十一年丙子。春三月，解南京工部事。夏五月，因災異自陳乞休。冬十一月，再娶臨潼李氏。

十二年丁丑。秋七月，捧表入賢萬壽聖節。次子珝自家來侍行。九月初至京，駕已西幸。既畢事，出至張家灣，乃疏乞歸省。至儀真候報，久而未得，乃從浙迤邐西歸。沂章江始得報：「有旨，給驛。」無及矣。後十二月抵家。

十三年戊寅。夏六月，還任。冬十二月，滿考，即日馳書乞休，泝江西歸。

十四年己卯。春正月抵家。五月，得部咨：「奉聖旨：『羅欽順學行老成，着照舊用心辦事，所辭不允。』」未幾，又得部咨，改吏部。乃再疏乞休。

十五年庚辰。秋八月，得部咨：「奉聖旨：『羅欽順先因推舉改用，成命久下，着上緊到任管事，不准辭。』」余以先公年益高，己身又多病，出將未免有悔，若懇請，未必不從。先公稍不怡曰：「兒從宦雖有年，備員而已。今往或可少行其志，何固執乎？」余爲之悚然，乃決行計。冬十月，陸行至京履任。後則以滿考聞，蒙恩給誥，陞授通議大夫，贈封二代及妻室，皆如制。冬十一月，毅皇駐蹕通州。二十一日，被旨赴在所供事。二十五日，賜見潞河驛。十二月朔旦，候駕漕運廳前。駕至，偕文武諸大臣及科道官入見，遂劾奏諸反者，請寘之法，有旨收繫云云，乃叩頭而出。堂中惟設御座，旨則司禮監大監由御屏後傳出，頗聞故典如此。初九日晚，前行候駕。次日午，駕乃還宫。十日，大祀天地，奉旨分獻北海壇。

十六年辛巳。春三月十四日，入奉遺詔。四月二十二日，今上即位，後數日，自陳乞休，不允。太宰晋溪王公被收，余奉旨攝篆首。遵詔條，備查先朝得罪官員，開具職名、事由上請。於是聖恩所及，無間存殁。余初閲司稿，於王廷陳事跡頗欠明，遂據實增入數語云：「王廷陳近因後任緣事，擬降雜職，候到部之日，另行奏請定奪。」其後，言路中有因他事泛及廷陳者，以爲吏部庇之，殆傳聞初稿之誤，亦欠審矣。會推吏部尚書，余所舉有白巖喬公，六科獨不附，曰：「齊某嘗有言矣。」余曰：「仁者見之謂之仁，知者見之謂之知。齊所言固應有見，但衆論所歸，諸君亦不可不察。」往返數四，竟亦僉同。

是月，轉左侍郎。秋七月，太宰熊峰石公入管誥勑，余再被旨攝篆。於是，白巖竟代熊峰。大司馬幸菴彭公初至，謂先朝故典，新君即位，嘗降勑南京内外守備及諸文武衙門，俾其協心計，安根本重地，乃以咨來屬余奏請。俄又奏留前任郎中某者，❶欲與同事數月，時某已陞陝西參議，余皆不能從也。言官嘗有所指劾，覆奏一從其實，無敢阿私。詔所罷官有夤緣内監以求進者，奏論其交通害政，請付法司定罪，竟沮之。冬十月望後，白巖始至。十二月，與九卿諸公同上《慎大禮以全聖孝疏》。疏草余所具也。

嘉靖元年壬午。春正月，奉勑論充《實録》副總裁，賜宴于禮部。三月，駕幸太學，充分奠官。禮畢，賜羊二隻，酒二瓶，寶鈔三千貫。都御史席公自湖廣馳疏，請起邃菴楊公總制三邊。吏、兵二部會題，擬如所請。蘇郎中以稿來看，余曰：「邃菴乃舊相即起亦必禮辭，往返須數月。今邊報孔亟，李亞卿方在彼行事，利害所繫，恐宜三思。」蘇以余言告白巖，乃於題本後增二語云：「但見有侍郎李某在彼。伏乞聖裁。」邃菴由是不果起。余嘗誤爲邃菴所知，素尊仰之，但入京踰年，聞諸物論殊藉藉。曉蘇之語，非惟事體當然，亦欲以忠於知己者尔。夏四月，陞南京吏部尚書。六月，履任。八月，所遣僕子自家來，聞先公病勢不解，即馳疏乞休，以便養親。奏，奉聖旨：「卿父既有疾，准暫回省視，馳驛去。疾愈，上緊還任管事。」十二月抵家。

❶「某者」，原漫漶不清，據嘉靖本補。

二年癸未。春三月，改禮部尚書。夏四月十九日，先公捐館。

四年乙酉。春正月庚申，葬先公天柱岡之陽，奉遷先夫人祔焉。

五年丙戌。春正月，具疏遣子翊入京代謝賜祭及營葬恩。秋七月，抵家。

六年丁亥。春二月，復起爲禮部。辭疏上，奉聖旨：「卿學行簡在朕心，推舉出乎廷議。禮卿缺員，虛位以待，宜勉承新命，上緊前來供職，再不必辭。」夏五月，改吏部尚書。再疏辭免重任，懇乞休致，奉聖旨：「卿才行素著，人望久歸。近自陳休致，已有旨勉留，如何復有此奏？既情詞懇切，准致仕。有司仍月給食米四石，歲撥人夫四名應用，該衙門知道。」秋九月，吏部咨到，遂馳疏謝恩。冬十一月，糾合族衆改作羅氏宗祠，又與二弟協謀市地創作小宗祠。羅氏宗祠乃先公創作，以祀始遷之祖，爲會族之處，當時頗病其隘，欲展拓而未能，又欲别祠小宗，而地基弗便。至是，適有機會一時並舉，皆所以成先公之志也。是役也，長男琰多效勞云。

七年戊子。春二月，十三道御史會薦十人，以余爲首。忌者大怒，遂窮探其故，既無所得，猶斥三人外補。余前後被薦不啻十數，雖三人被斥，猶或有繼之者，盖多采用虚名，不知余實無所長，又衰且病也。往年元山席公亦嘗舉以自代，平生僅一識面而已。丙戌之夏，因翊子謝恩歸，以書見貽，頗論及時事。其爲國一念可謂惓惓，然余持論既殊，即令復起，亦安能久於其位也？秋七月，以大禮告成，下詔覃恩，進階榮禄大夫。冬十一月，編次所著《困知記》爲二卷。

八年己丑。秋，七月初季弟西野卧病，八月二十五日竟不起。余前後駐邑城凡四十餘日。冬十二月甲申，再往迓之。

十年辛卯。春二月，楊氏姊壽七十，自往慶之。次子玥以是月赴京謁選。夏四月，會同鄉士友於龍福寺議鄉約。六月，續著《困知記》一卷成。

十二年癸巳。夏五月，又續著《困知記》一卷。

十三年甲午。年七十。生辰將近，親朋陸續稱觴，皆以詩文爲侑。次兒玥在京求得壽文一篇，玉帶一束，緘書遣使，以初七日抵家，親朋見之，莫不以爲奇事。江右士夫在都下者几十人，人賦一詩爲壽。其詩卷題曰「天壽平格」。諸君之意良厚，然非余所敢當也。

十六年丁酉。冬，次兒玥得告歸省。

十七年戊戌。又著《困知記》一卷。《記》於是凡三續矣。其冬築壽藏于桃岡。故妻曾夫人自龍塘遷葬壽藏之右。事畢乃促玥還朝。

十八年己亥。春三月，買得小徑中峆山地一片，遷葬外祖考妣，立石識之。外祖考曾府君諱朋止，妣蕭氏，其遺胤止存曾孫一人，年已向衰，猶未有子，不得不爲之遠慮也。初冬，玥陞馬湖知府，便道過家，留兩月乃之任。冢孫倆以疾卒，十二月葬陽村。賢而早死，可哀也！爲銘其墓。

二十年辛丑。玥自馬湖入覲，疏乞侍養，温旨賜允。夏四月抵家。

二十一年壬寅。作桃岡書院，去壽藏可百步許。十二月庚子，鷄將鳴，夢中偶得句云：「欲窮《太極圖》中妙，須向姑蘇臺上推。」未審爲何祥也。因記二十年前夢中嘗得句云：「東海春流吞萬壑，南山晴翠聳層霄。」亦未詳所謂，漫志之。又記先公官南都時嘗夢題竹，亦止記兩句云：「冰霜歲久琅玕老，雨露春深枝葉繁。」此實先公眉壽之徵，家庭餘慶之兆也。

二十二年癸卯。七月初，得曾孫男，字之曰申孫。

二十三年甲辰。年八十。生辰前後，賀客陸續至，視七十時幾倍之。

二十四年乙巳。夏四月二十六日，巡撫、都憲東厓虞公奉旨及門存問。五月初七日，巡按御史槐川魏公繼至。是月十七日遂具疏，令孫男佸賫奉入謝。以八月中至京，疏奏，奉聖旨：「覽卿奏謝，朕知道了，禮部知道。」十二月，佸抵家。得部咨知會。

二十五年丙午。夏五月，又續著《困知記》一卷。

二十六年丁未。

羅整菴自誌

整菴，羅姓，欽順名，允升字，吉泰和人也。成化乙酉臘月八日，生于潮東青田官舍。弘治壬子秋，江藩以第一人薦。癸丑，會試禮部，名第七。廷試，蒙孝廟親擢第一甲第三名，賜進士及第，授官翰林院編修。壬戌夏，陞南京國子監司業。乙丑得告，奉侍先公還鄉，因疏乞終養，當道持不下。正德戊辰，逆瑾橫益甚，奪職爲民。庚午秋，瑾伏誅，例還舊職。壬申秋，陞南京太常寺少卿。乙亥夏，陞南京吏部右侍郎。戊寅，滿考乞休，不允。己卯春，改吏部右侍郎，辭益懇。庚辰夏，有旨：「着上緊到任管事，不准辭。」其年十月履任。辛巳三月，武廟上賓。四月，今上入繼大統，萬邦胥慶。五月，陞本部左侍郎，先後嘗連攝部事。壬午夏，陞南京吏部尚書，到任未幾，聞先公病甚，疏乞解官侍養。有旨：「准暫回省視。」冬盡抵家。癸未四月，先公竟捐館。嘗有禮書之命，不及拜矣。丁亥春，復以禮部尚書召。疏辭，不允。俄召爲吏部尚書，辭益力。奉聖旨：「卿才行素著，人望久歸。近自陳休致，已有旨勉留，如何復有此奏？既情詞懇切，准致仕。有司仍月給食米四石，歲撥人夫四名應用。」蓋私心雅慕持正，而重於變通。量而後入，亦惟古訓之是式耳。何意聖恩弘覆，所以曲成者如是其特，是誠當代之所鮮哉。

平生於性命之理，嘗切究心，而未遑卒業。於是謝絶塵絆，静坐山閣，風雨晦冥，不忘所事。乃著《困知記》，前後凡六卷，并得附録一大卷，所以繼續垂微之緒，明斥似是之非，蓋無所不用其誠。力之殫矣，心之遠矣，亦非有加於分外也。甲辰之冬，行年八十，巡撫、都御史净峰張公岳爲請存問之典。乃其爲説，欲使縉紳學子，知某以正道、正學爲上所尊禮，莫敢不勉率以趨於正。風化所係，誠非淺小。自非道同心契，其見於言者，孰能若是之深切哉！百世以俟聖人而不惑，吾固知實理之不容易矣。

近得危疾，久而不解，聽天所命，何懼何疑？緣素無功業可記，將來不敢以碑銘爲大手筆累，乃自誌其生卒之概，刻而藏之，使後世子孫，由是而知有我，足矣。初娶同里曾氏，生二子琰、珝，一女任潔，適萬安劉宏，壻、女俱先卒。繼娶臨潼李氏，生一女端潔，適同邑涑溪尹廷。孫男六人份、企、佸、偲、位、以，孫女四人，長適蜀江歐陽銑。曾孫男一人申孫，曾孫女二人。平生微言細行，動顧準繩，家庭子弟當有能記之者。其世系之詳，具載於先祖考及先考神道之碑，兹不複出。

右誌作於丁未夏四月十六日丁酉，越九日乙巳，考終正寢，享年八十有三。葬以戊申春正月十九日丙申。墓在三十都桃岡之原，酉山卯向，去家僅五里。

書重刻困知記後

太宰整菴先生羅公所著《困知記》，中丞海虞陳公嘗刻之虔南矣，粲又刻諸家塾云。

或曰：是書何爲者也？曰：公自識其所得也，抑有救世之志焉。夫自宋氏以來，談經者折衷於程朱之書。今之爲新學者，視如弁髦而將棄之，猖狂恣睢，一唱百和，末流之害，君子懼焉。是書所爲作乎！是故其辭確，其説詳，其剖析於異同之間，明白簡直，無所回互。公豈好辯哉？公亦有不得已焉爾矣。然則公之學奚師？曰：公師程朱者也，而深思力踐，不爲空言，則所自得者多矣，故曰：「精之又精，乃見其真。」斯言也，曰公自謂也，非歟？明興，言理學獨薛文清爲稱首。其醇且正，以公方之，吾未知所先後也，而深嚴縝密，殆於過之。讀其書，知其用力於斯道之專且久也。

粲無似，得侍公最晚，嘗辱與進，以爲可教，因獲窺見是編，而愚惰不立，未之能學也。刻且成，録公所貽手書附其後，既以識吾媿，又以視諸同志，期共勉焉。《記》凡四卷，曰「困知」者，公之謙也。

嘉靖丁酉冬十二月望吴郡後學陸粲謹識。

讀困知記後語

天下之物，莫不有理，亦莫非吾心之理也。或生而知之，或學而知之，或困而知之，及其知之，一也。聖愚相去遠矣，而同歸於知，非曰不絶物耶？是故，爲公理，爲正道，爲達德，其於言也，爲通訓。「夫子博我以文」，謂文非道，不可也；謂文非文，亦不可也。《易・大畜》曰：「君子以多識前言往行，以畜其德。」夫言行曷託而載？多識以爲畜德，無疑於支離者耶？今夫行邁者，一步一趨，跛者可企；馮風御氣，力士有弗能，是舉夫人而棄之也。君子之教，由乎人所同也。知行相因，而先後有序；内外交養，而本末必辨。木滋其液矣，而溉之，而藩之，不亦遂乎！此亦人事之易見者也。

後世言學者，大率有二：以讀書爲道問學，不知約之於心，已失朱子之本指；而以静養爲尊德性，遂流於空寂，則主象山而又甚焉者。人情大抵厭膠擾而樂徑直，陸學盖于今盛矣。嘗聞其説而未解於心，就其徒問之，愈覺茫然。嗟乎！天下至愚，乃有如我者耶！

繼得整菴羅公《困知記》讀之，謂「格物即分殊以見理之一」，謂「道心爲性，人心爲情」，謂「人之知識，不容有二」，謂「理當於氣轉折處觀之」，印諸經傳，無弗合者。雖誠愚，亦時有耿耿焉。已輒自疑，胡爲而異？胡爲而同？將異者爲障，而同者乃偶然耶？已又思之，言所以明道也，行所以信言也。公立朝有羔羊之節，正家有柳氏之嚴，居鄉有陝、洛之化。蚤歲剛毅，晚更和平，有如玉之温。士無賢不肖，莫不心服其誠。夫焉有誠而非知至者乎？鐸未嘗聞道，而知公之得於格物者，行足以信其言也。

於戲！沙瀰杯水，頓覺無期，饑食渴飲。公之示我厚矣，因以志幸，非曰能執鞭授綏，以相從於赤幟之下也。

嘉靖丙申夏五月戊辰賜進士南京都察院右副都御史奉勑提督操江兼管巡江姻生歐陽鐸識。

困知記後序

察向獲見整菴先生是編，粹然一出于正，竊歎服之。兹有客貽《續編》至，復加展玩，心目彌開。先生洵真儒哉！蓋其遜志惟聖，匪聖弗學也；禔身惟敬，匪敬弗居也。動惟中正之趨，恒恐有過、不及。式克獨求墜緒，真積力久，融會貫通，卓有定見，誠立道明。折之必悉其幽微，辯之必究其極致。是故精一執中，克復忠、恕、格、致、誠、正之本義。升堂覩奥，是闡是敷，理經辭緯，片言弗苟。而凡異説之近理亂真，足以惑世誣民者，自此可以少息矣。

夫吾道淵源，川流是麗，終古常新，晦明通塞，存乎其人。學士經生，讀書較同，識趣或異。志在發策決科，竟於浮華利達者，固不足論。志不止此者，所見又或差池。抗失則虚，偏失則滯。間有資稟英明，高視濶步，自詭於深造獨得，志則偉矣。顧涵養本源，未必中正純粹，卒之辭意頗辟。有眩光景而忽精義者，有欲以靈覺爲道心者，甚至以主敬爲綴，以朱子之傳註爲支離。後生好事，隨衆觀塲，因依以爲新奇。殊不知其起於一念之好高，其流之弊將有不可勝言者矣。然則求正學於今日，略無可指摘而足以羽翼聖經賢傳者，微斯編，吾誰與歸？

察極無似，第念切緇衣，君子必見。近歲如楓山章公、虚齋蔡公，數獲承顔接詞，感其持正。比于先生，益用仰止。夫愛日於嚴侍，則司成如遺；介石於感時，則峻辭冢宰。而端莊之操，清肅之行，經世宰物之猶，察往往躬得於聞見。有本者如是，然則是編豈後世之文學可以擬倫哉？察昔昌言于朝，今附題末簡，匪曰阿好。第乏筆力，未能摹寫其妙。始終典學，得其精華，請借以爲贈焉。世之有志者，試即是編，平心易氣，從容潛玩，而無以他説淆焉，不將有所感發興起也夫！

嘉靖甲午季秋望日虞山陳察寓虔抑抑堂拜書。

困知記外編

壽太宰整菴先生羅公七十序

夫周道微而霸臣興，宋論繁而霸儒競。霸臣必藉强大以假仁，霸儒必抗高玄以邁學，均之求遂其勝心焉爾。故僭侯之咎易指，而異端之過可減，何也？其術自白而其中自辨也。孟子陳王道，朱子申正學，當時角而立者與争矣。然自漢以來，雖詐力得位，恥居霸名。元夷表章，朱書崇信，至于今益尊。昔與角者，泯如也。人尚之公，非天道之常乎！

弘治中，士厭文習之痿而倡古作，嗣起者乃厭訓經之卑而談心學，是故慨顔後之失傳，申象山之獨造。創格物之解，剽禪悟之緒，奇見盛而典義微，内主詳而外行略矣。

整菴先生羅公，耆年而謝政。天子累虚端揆之位，召之不就。著書四篇，曰《困知記》。摘似明真，剔僞正實。其曰，思者心之用，得者性之理，是曰立；知能心之用，愛敬天之理，故曰良。析心性以辯儒釋，合理氣以一天人。達兹四者，而群言統矣。洋洋哉，其武夷之衍乎！公莊重方介，言道動矩，造士之嚴，貳銓之定，雖時尚枘鑿，我矱無易。榮與利、譽與毁不與焉。故君子服其行，而信其詞。

今甲午歲之臘，公之壽七紀，仲子參軍玥，自京師以伻造鄴，索銑蕪言以獻。夫走僻塗而問末士，蓋無所不用其慕情。銑聞天下之生久矣，一治一亂，國囿於氣；一邪一正，學趨於時。上驕而下好私，則治消；朴散而名可要，則正淆。故天竺之空，要於直温；柱下之無，徑於博約。然世將亂，天預生弭之者，豈其恝於道之否乎？我公其必享遐期哉！

相臺崔銑

賀整菴老先生八十壽序

君子談世道，必先風教。蓋言感之速，及之遠，無意相遭而適以相成，猶風之行於物也。今夫草木之生，雨露滋之矣，必披拂於和煦，而後生意盎然，至其震林盪谷，斂豐茸於寂寞，霜雪不得專其威也。君子之於人也亦然，當其勤施篤惠，澤生民而制群動，此有位得志者之常，無足怪也。惟夫身已退而道愈隆，處人之所不能，而薄人之所甚欲，可使遠者慕，近者化，縱懷不肖之心，亦且感然悔悟，索然潛沮，有不待言説而要約者，其視披拂之與震盪，亦何以異？非所謂君子之風乎？

今制，仕于朝者，七十致其事，而大臣以六十告爲最鮮。大臣家居，八九十者，天子必有存問，而以太宰被是命爲尤鮮。整菴羅先生自侍從登太宰，年六十遽以去請，上不能舍，屢召不應。積二十年，年且八十，上聞而嘉之，特命守臣及門舉禮如制。往時朝廷更定禮樂，天下文學之士，顒然向進，而先生有是請，故人不爲重其位而重其去，蓋始知有明哲之幾。邇來邊境多虞，百司飭勵，夙夜不遑，即老且病，不可自引去。而上舉是禮，故人不獨重其壽而重其賢，蓋始知有退休之樂。莫不曰，先生之決於幾也如是，其不輕於出也已，吾其可以利於官！亦莫不曰，先生之安其樂也如是，其不苟於處也已，吾其可以病於俗！於是鄉之士人祝之以矜式，邦之大夫頌之以考問，朝之公卿歌之以典刑。自有先生，而後出處之節，侃侃然稍著于天下矣。夫出處有節，則士有廉隅，士有廉隅，則民有所賴，以免於蠹戾。乃先生以聖賢之學，日有勉焉，進于無疆，將謂天以先生風世道也，不亦可乎？

洪先幸而生是鄉，又幸爲同姓，嘗竊取行事以鼓舞不怠，且喜斯世皆有遭也，故於祝頌，不敢以不文辭。

詩

功成早納尚書履，道直頻删儒者書。木榻歲深曾幾卧？草庭春在不教除。六經得友千年外，四海憂民一飯餘。空使聖人勤側席，肯同尚父載安車！

宗晚學洪先

又序

昔之異端，鄉原、楊、墨，皆非吾徒也，故辯之而人莫不信從。今之異端，援儒入禪，皆吾徒也，故辯之而人不吾信。自非位與德符，道由年永，則吾誰望與？夫天將使斯民自衰而歸正，由晻以趨明，則必篤生哲人以爲之先覺，如伊尹是已。《書》之「帝迪」，《詩》之「天牖」，盖言覺也。乃若漢譯胡書，寔自明帝所得四十二章始，其言以絶欲爲本，初無所謂禪覺者。由晉至唐，剽竊儒言，轉成圓覺頓宗，吾徒反援之以爲簡易。於是仲尼删述之經尚且擯而不信，又何辯之可施乎？

佐生也晚，初入翰林，嘗邂逅太宰整菴羅公于東閣。其後，公明農泰和，佐亦棄官歸養。嘗得公所著《困知記》而讀之，三歎而作，曰：「天之覺民，其在公乎！」彼謂致吾之知，不必學古訓而後爲有獲，公則證以經書而辯其以非爲是。彼謂宗吾自然，不必事躬行而後爲有得，公則求諸實踐而辯其似是之非。何者？吾儒内外合一之學，廓然大公，物來順應。以明覺爲自然，則必以有爲爲應迹，若徒言知而不貴力行，亦奚異於圓覺之説，視有爲如夢幻泡影者哉！

公之德望在天下，佐無容論，而其立言，家傳人誦，將使衺者自此正，晦者自此明，天下之民，蓋有攸賴焉。昔皇甫謐氏謂：「保衡壽耇，百有餘歲，迄于沃丁之世。」夫惟久於其道，兹其化所繇成與！今公生自成化乙酉，距今甲辰行年八十，而康健不衰，所謂「天壽平格」，自伊尹之後，惟公足以當之。且公衛道之功，亦既格于皇天矣，將使斯民終被堯舜之澤，則皤然興起，佐於公重致望焉。

南海黄佐

又序

鄉譽之難得也，尚矣！今夫士生其鄉，自始學之年，以至於能强立不反，自壯行四方，以至於佚老無營，皆其黨里之考長童稚所習見而狎聞者也。群居暇日，持其所短長之行，潔莩繩根，罔漏纖爲。

莫慈於父母，不輕予其子以孝名。莫親於昆弟，不輕予同産以友恭之名。况於鄉里，習嗜異尚，趋嚮異岐；居處相綴，而成毁衰隆之異望；勢譽相峙，而娼忌歡憐之異情。即有大人先生，素節叢徽，往往遏抑不喜道，遇有微疵，聊援議而起，不旋息而遞聞遐外，甚至摘響影而裝綴種種矣。故信不難於感豚魚，而難於孚鄉里愚夫愚婦之心；智不難於攝天下之聲，而難於收鄉里愚夫愚婦之口。然大人先生，昭無疢之學，樹楷世之業，振天下億萬年之譽，能與穹壤相終始，其磨揉漸漬之力，又莫不繇乎其鄉也。

整菴先生羅公，致太宰里居者二十五年。鄉之志士才紳，欣幸得師，咸托其緒言懿行以自規淑。其志意頗異之倫，亦皆懼公知其所爲思，蓋欲徙圖之不遑。頃，公壽八十，天子詔撫按臣及門存問，以少牢秬鬯，禮命寧公。鄉之志士才紳，益信作德之利，相與歌詠其盛，且策己以風來學。其志意頗異之倫，亦莫不奔歎歆羡，謂爲當然，至勃焉自悔前之爲。孔子曰：「不如鄉人之善者好之，其不善者惡之。」公何以使鄉之人，無賢不肖，率嚮風雅化？其頌公也，無賢不肖，率「不間其父母昆弟之言」若是歟？以昌積觀於公，孝仁信文，建諸躬行，如菽粟水火之常充日用然。新學晚生之嚮公也，亦如求糲粱而嗜鼎旨，聽其議論者忘倦，被其容接者不欲離去。著書數萬言，亹亹訓辯，大抵欲挽世溺染而復之故。始雖不免苦心費辭，竟丕焉景附聲應。人誦其自得，天下恃以不惑。蓋公未嘗爲峻絶之行，而尚行者自難彷其純粹；未嘗爲咈古駭常之論，而操奇論者自難越其範圍。今朝之公卿學士，海内之才彦子衿，徒知誦公出處有節，教天下以尚廉耻，而不知公施其子諒深厚之風，並生其鄉之人，罔負先覺之付托也；徒知惜公未究經綸於斯學斯世，盡懋清直寅亮之業，而未知公衛道之力，庶幾與平水土，正人心者同憂患，非直好爲此嘵嘵而已。

昌積幸産公鄉，具公親戚子弟。嘗從諸志士事公，一望見公廬，私先嚴檢，無他媿乃敢暢心入謁。苟有幾微玷志，即强顔就列，退未嘗不汗下竟夕也。由是賴公不屑之誨，獲免下流之行爲多。噫！以積愚之淑乂如此，則彼豪傑之得於親炙者，能不節性日邁乎？一鄉一世之景行若此，則千百世之下豈無論世責志之人，寤寐而承德者乎！公之名澤當與穹壤相終始，又不獨當時之達尊，多歷年所之壽俊也已。

眷晚生陳昌積

明故吏部尚書致仕進階榮禄大夫贈太子太保謚文莊羅公神道碑銘

有明宿德碩儒曰太宰整菴先生羅公，以嘉靖丁未四月二十四日卒，年八十有三。初，公致仕，天子特給月廩、歲隸，以示優禮。既登八袠，詔遣守臣奉牢醴及門存問，仍加賜廩、隸。至是訃聞，詔賜諭祭，命有司營葬，贈太子太保，謚曰文莊，盖褒賢崇德之殊數也。君子謂，惟公實克稱之。公風格峻整，雅操貞肅，進則崇節振邁而毗於國，退則遵養純固而範於鄉。談道著論，則言爲代之師，反躬實踐，則行爲物之軌。好學不倦，不知其衰耋之將至者耳。

公諱欽順，字允升，吉之泰和人。少即端重殊異，年十四，題其門，有「勉勉於仁義」之語。舉弘治壬子江西鄉薦第一，明年入奉廷對，賜進士及第，授翰林編脩。每朝退即閉户讀書，不事交謁，已嶷然有公輔之望。擢南京國子司業，正容端則，六館以肅。蘭溪章公懋爲祭酒，深見信重，事多咨公而行。以父栗齋翁年高，得請奉歸。留侍久之，不忍去，因疏乞終養，而逆瑾怒，奪職爲民。瑾誅，復職，由南京太常少卿陞南京吏部右侍郎，改吏部右侍郎。今上即位，轉左侍郎，前後連攝部篆，甄别人才，咸極精當，時論稱重。充《實録》副總裁，是時栗翁年益高，公歸養之志益切。拜南京吏部尚書，抵任即馳疏乞休便養。詔允之。既而召改禮部尚書，未行，丁栗翁憂。服闋，仍以禮部起，公未至。復改吏部，而公具疏懇辭，於是得旨致仕。盖公審時直己，不苟慕榮利如此。自是江右部使、兩都臺諫章數十上，無識不識，罔不冀幸其復出。乃公則屏居却掃，惟研精聖業，窮探理性，患近時學者持論高虚，不屑古訓，簡約是趨，其流之弊將墮入虚誕，作《困知記》若干卷。其言議精微衍奥，根極理要，辯禪悟之學近理似是，而斥其毫釐千里之謬。時習波頽，我獲無易。於戲！道之不明，智巧横出。古之聖哲，罔不戒慎省察，率諸終身而不足。今之論者，以謂圓明朗徹，取諸一言而有餘。其學術異同，世之君子必有能辨之者。

考公平生，自史館以歷國學，則士行雍規，由以丕變。由奉常而陟少宰，則官常國是，倚之取平。中更仆抑，秉志弗渝，榮進屢辭，去就惟潔。然公雖蚤退，而考論政務之得失，究心生民之休戚，固未嘗一日不以天下爲念也。每平旦，正衣冠，升學古樓，群從入，叙揖畢，端坐觀書。雖獨處無惰容，食恒二簋，服無侈麗，居無臺榭，讌集無聲樂。宗戚率之而興於孝敬，鄉閭則之而化於禮讓，子姓僮孺，罔不守其約而歸於謙靖謹飭。初，公昆弟三人，並起高科，季弟中丞公先卒，仲弟憲使公亦未老乞休，德義相淑，怡怡如也。方屬疾，乃自作誌，繼以二絶，皆正家之語。疾亟，舉手正巾而卒。

曾祖諱寧。祖諱鐸，由鄉舉任黟縣訓導。父粟翁，諱用俊，由鄉舉歷任國子助教。祖及父俱以公貴，贈封通議大夫、南京吏部右侍郎，妣皆淑人。元配曾氏，繼配李氏，贈封皆夫人。子二人，長琰，引禮舍人，次珝，馬湖知府。女二人，長適萬安劉宏，次適同邑涑溪尹廷。孫男七人，偁、份、企、佸、偲、位、以。孫女四人。曾孫男一人，曾孫女二人。

將以戊申年正月十九日，葬公於邑桃岡之原。子珝銜哀屬辭，刻諸隧首之碑。嵩昔繫籍諸生，繼在詞垣，曲成獎挹。顧兹無似，有忝誨言。爰述蕪詞，以列休美，而取其所以爲學者特詳焉，亦以見公之志也。銘曰：

維聖有學，一理萬殊。明誠兩進，斯壹其趨。世則多岐，所尚滋異。欣妄嗜新，其説孔熾。不有碩哲，孰閑斯潰？翼翼太宰，夙志斯道。深造敏求，繇壯至老。不踐宰政，卒隱其身。名振當世，行高古人。困知有記，昭我塗軌。折衷群言，析入毫縷。大耋年踰，踐脩不已。公雖退佚，物望愈崇。公既逝矣，皇眷愈隆。昔也存問，光動宸綸。今也卹哀，澤濡泉扃，進則伊、皋，退而關、洛。衛道立言，以惠來學。典刑日遠，梁木斯摧。勒此信辭，萬禩無隳。

袁郡嚴嵩

吏部尚書贈太子太保謚文莊整菴羅先生畫像贊

儒者矩矱，以理爲宗。孰是訓式，言能行從。公嘗自言，四十始覺。彼此一心，聖賢可學。既辨畛域，益謹行藏。小物克勤，舊章不忘。文必布粟，儀則珪璋。位進身退，志謙譽光。司馬洛陽，當宁眷顧。衛武淇澳，先民寐寤。名辭黨碑，知先誌墓。有寵無驚，不疑何懼。昔拜公堂，聽厲即温。今睹公貌，意遠思存。豈曰「困知」，欲明正的。褒古貶今，毫分縷析。公貌在目，公言在書。肅穆公神，對越儼如。身有準繩，皆可不朽。小子且興，矧嗣公後。

祭太宰整菴羅文莊公文

曰：嗚呼！自少有聞，慕公如渴。知公爲稀，未知所學。爲之慕者，卓行清辭。及見公書，而始仰思。公之立言，不矯不苟。内得之心，不啻出口。儒佛之辯，本心與天。天有定理，而心幻焉。以幻爲心，其用易肆。推原於天，小心勿貳。故公之行，孝友是先。作止語默，無敢弗虔。榮禄早捐，薄俗永絶。位在冢宰，年幾大耋。四方望公，如郊見麟。比接顔色，退然恂恂。天子敬公，歲時問勞。矜式國人，咸賴有造。譬彼一家，外傅之嚴。雖無厲色，子弟具瞻。又如適途，爲指迷者。行雖由人，覺在言下。人方依公，而公遽遐。公能自全，如後進何！不肖見公，公不余棄。言雖不煩，意獨已至。出入以節，車服以時。小物必戒，終身可師。使以類推，歸于一是。期成此身，爲報德地。聞公之訃，索然喪神。孰謂今世，復得斯人！束芻之哀，阻於多故。忽越歲年，中心如負。先茲陳奠，且瀆公靈。愛而不弛，尚牖其明。嗚呼，尚饗！

吉水晚生羅洪先

又文

曰：嗚呼！三代之教出於一，故學術明而士習正。後世之學淪於離，故異端起而聖教微。襲記問者，則溺於口耳支離之病，而昧自得之真。執意見者，則陷夫儱侗莽蕩之歸，而歉躬行之實。道之不明，或失則煩，或失則虛，其所由來遠矣，無論漢唐。入宋，理學大明，周、程至矣。延平之下則有朱晦菴、陸象山，真積力行，皆實學也，著述與否不繫焉。後之學于朱、陸之門者，各尚師說而濟之以角勝之私，說始騰而道日漓。以迄于今，侈煩飭虛，流弊並甚。

至論理學，則陽明、甘泉二公晰矣，備矣，栢皆慕之仰之，第未及在門以罄其說。若平生得於師友所尊信者，則志真力勇，果決必成，有如吳康齋；志大識精，深造自得，有如陳白沙；踐履篤實，議論平正，有如薛文清。三君子皆予所願學，恨生也晚，不及見。

弱冠，宦京師，與四方學者游，則又知有整菴先生者，好古之勤，力行之實，進退之正，辭受之嚴，鄉里稱之，天下信之，予心嚮往久矣。嘉靖癸卯還朝，道泰和，竭一日之程，遂謁見之素。至則先生夙恙未瘳，扶杖款迓，惇惇誨論，確有真的。泛及陳、王、湛三先生之言，以爲皆悟後之見，學之者未領厥悟而襲其論，失斯遠矣。且敬服白沙之學之才，爲不可及。栢曰：「王之《傳習》，湛之《雍語》，皆立言者也。天下後世必有識之者。若白沙學宗自然，忘己爲大，不事著述，間有一二援引、托喻，乃其泛應之語，恐未可摘而疵之也。」先生首肯。栢二日告别，雖未克成弟子之禮，然登堂階，聞謦欬，而素願慰矣。計往還，源源請益，乃乙巳以罪擯斥，遂歸舊隱。相去日遠，心益不忘。

丙午夏得先生手書及惠《困知記》，暇日三復。其以理一分殊論性，而性命流行之妙可徵；以動静體用論心，而道心人心之幾以著，此皆獨得之見。至於立論之確，攻辯之嚴，則良工獨苦之心也。栢學未有成，於諸君子之教不敢方擬，獨窺先生踐履真實，言行相顧，豈非所謂「躬行君子」者耶！栢私淑先生，較爲得力，故信益深。

詎期天不慭遺，丁未之秋，遽聞訃音。以侍奉庭闈，不敢遠離。峻嶺長江，未展几筵之奠；緘詞束帛，遥將哀慕之誠。嗚呼！哲人已萎，吾將何依！臨風悵惘，涕泗漣洏。千里寸心，萬古一時。羹墻如見，何敢斁思！精靈不昧，庶或鑒兹。尚饗！

南海晚學生何維栢

困知記附録

與王陽明書庚辰夏

昨拜書，後一日始獲奉領所惠《大學古本》、《朱子晚年定論》二編。珍感，珍感。某無似，往在南都，嘗蒙誨益。第苦多病，怯於話言，未克傾吐所懷，以求歸于一是，恒用爲歉。去年夏，士友有以《傳習録》見示者，亟讀一過，則凡向日所聞，往往其在，而他所未聞者尚多。乃今又獲并讀二書，何其幸也！顧惟不敏，再三尋繹，終未能得其旨歸，而向日有疑，嘗以面請而未決者，復叢集而不可解。深惟執事所以惠教之意，將不徒然。輒敢一二條陳，仰煩開示。率爾之罪，度弘度之能容也。

切詳《大學古本》之復，盖以人之爲學，但當求之於内，而程、朱格物之説，不免求之於外，聖人之意，殆不其然。於是遂去朱子之分章，而削其所補之《傳》，直以支離目之，曾無所用。夫當仁不讓，❶可謂勇矣。竊惟聖門設教，文行兼資，博學於文，厥有明訓。顔淵稱夫子之善誘，亦曰「博我以文」。文果内耶，外耶？是固無難辨者。凡程、朱之所爲説，有戾於此者乎？如必以學不資於外求，但當

❶「不」，原作「之」，據文義改。

反觀内省以爲務，則「正心誠意」四字，亦何不盡之有？何必於入門之際，便困以格物一段工夫也？顧經既有此文，理當尊信，又不容不有以處之，則從而爲之訓曰：「物者，意之用也。格者，正也，正其不正，以歸于正也。」其爲訓如此，要使之内而不外，以會歸一處。亦嘗就以此訓推之，如曰：「意用於事親，即事親之事而格之，正其事親之事之不正者，以歸于正，而必盡夫天理。」蓋猶未及知字，已見其繳繞迂曲而難明矣。審如所訓，兹惟《大學》之始，苟能即事即物，正其不正，以歸於正，而皆盡夫天理，則心亦既正矣，意亦既誠矣。繼此，誠意、正心之目，無乃重復堆疊而無用乎？

「大哉乾元，萬物資始」，「至哉坤元，萬物資生」。凡吾之有此身，與夫萬物之爲萬物，孰非出於乾坤？其理固皆乾坤之理也。自我而觀物，固物也，以理觀之，我亦物也，渾然一致而已，夫何分於内外乎！所貴乎格物者，正欲即其分之殊，而有見乎理之一，無彼無此，無欠無餘，而實有所統會。夫然後謂之知至，亦即所謂知止，而大本於是乎可立，達道於是乎可行。自誠、正以至於治、平，庶乎可以一以貫之而無遺矣！然學者之資禀不齊，工夫不等，其能格與否，或淺或深，或遲或速，詎容以一言盡哉！惟是聖門《大學》之教，其道則無以易，此學者所當由之以入，不可誣也。外此或誇多而鬭靡，則溺於外而遺其内；或厭繁而喜徑，則局於内而遺其外。溺於外而遺其内，俗學是已；局於内而遺其外，禪學是已。凡爲禪學之至者，必自以爲明心見性，然於天人物我，未有不二之者，是可謂之有真見乎？使其見之果真，則極天下之至賾而不可惡，一毛一髮皆吾體也，又安肯叛君父，捐妻子，以自陷於禽獸之域哉！今欲援俗學之溺，而未有以深杜禪學之萌，使夫有志於學聖賢者，將或昧於所從，恐不可不過爲之慮也。

又詳《朱子定論》之編，盖以其中歲以前所見未真，爰及晚年，始克有悟，乃於其論學書尺三數十卷之内，摘此三十餘條，其意皆主於向裏者，以爲得於既悟之餘，而斷其爲定論。斯其所擇宜亦精矣，第不知所謂晚年者，斷以何年爲定？羸軀病暑，未暇詳考，偶考得何叔京氏卒於淳熙乙未，時朱子年方四十有六，爾後二年丁酉，而《論孟集註》、《或問》始成。今有取於答何書者四通，以爲晚年定論。至於《集註》、《或問》，則以爲中年未定之説。竊恐考之欠詳，而立論之太果也。又所取《答黄直卿》一書，監本止云「此是向來差誤」，别無「定本」二字。今所編刻，增此二字，當别有據。而序中又變「定」字爲「舊」字，却未詳本字同所指否？朱子有《答吕東萊》一書，嘗及定本之説，然非指《集註》、《或問》也。凡此，愚皆不能無疑，顧猶未足深論。

竊以執事天資絶出，而日新不已，向來恍若有悟之後，自以爲證諸五經、四子，沛然若决江河而放諸海，又以爲精明的確，洞然無復可疑，某固信其非虚語也。然又以爲獨於朱子之説有相牴牾，揆之於理，容有是耶？他説姑未敢請，嘗讀《朱子文集》，其第三十二卷皆與張南軒答問書。内第四書，亦自以爲「其於實體似益精明，因復取凡聖賢之書，以及近世諸老先生之遺語，讀而驗之，則又無一不合。盖平日所疑而未白者，今皆不待安排，往往自見灑落處」。與執事之所以自序者，無一語不相似也。書中發其所見，不爲不明，而卷末一書提綱振領，尤爲詳盡。竊以爲千聖相傳之心學，殆無以出此矣，不知何故，獨不爲執事所取，無亦偶然也耶？若以此二書爲然，則《論孟集註》、《學庸章句》、

《或問》不容别有一般道理，雖或其間小有出入，自不妨隨處明辨也。如其以爲未合，則是執事精明之見，決與朱子異矣。凡此三十餘條者，不過姑取之以證成高論，而所謂「先得我心之所同然者」，安知不有毫釐之不同者，爲祟於其間，以成牴牾之大隙哉！恐不可不詳推其所以然也。

又執事於朱子之後，特推草廬吴氏，以爲見之尤真，而取其一説，以附於三十餘條之後。竊以草廬晚年所見端的與否，良未易知。蓋吾儒昭昭之云，釋氏亦每言之，毫釐之差，正在於此。即草廬所見果有合於吾之所謂昭昭者，安知非其四十年間，鑽研文義之效，殆所謂「真積力久而豁然貫通」者也？蓋雖以明道先生之高明純粹，又早獲親炙於濂溪，以發其吟風弄月之趣，亦必反求諸六經而後得之。但其所禀，隣於生知，聞一以知十，與他人極力於鑽研者不同耳，又安得以前日之鑽研文義爲非，而以墮此科臼爲悔？夫得魚忘筌，得兔忘蹄可也，矜魚兔之獲，而反追咎筌蹄以爲多事，其可乎哉！然世之徒事鑽研，而不知反説約者，則不可不深有儆於斯言也。抑草廬既有見夫所謂昭昭者，又以「不使有須臾之間斷」，爲庶幾乎尊之之道，其亦然矣。而下文乃云：「於此有未能，則問於人，學於己，而必欲其至。」夫其須臾之間間斷與否，豈他人之所能與？且既知所以尊之之道在此，一有間斷則繼續之而已，又安得以爲「未能」，而别有所謂學哉？是則見道固難，而體道尤難。道誠未易明，而學誠不可不講，恐未可安於所見，而遂以爲極則也。

某非知道者，然黽勉以求之，亦有年矣。駸尋衰晚，茫無所得，乃欲與一代之英論學，多見其不知量也。雖然，執事平日相與之意，良不薄矣，雖則駑鈍，心誠感慕而樂求教焉。一得之愚，用悉陳之而不敢隱。其他節目，所欲言者頗多，筆硯久踈，收拾不上。然其大要亦略可覩矣。伏惟經略之暇，試一觀焉，還賜一言，以決其可否。幸甚。

又戊子冬

側聞旌麾伊邇，計不日當臨弊邑。甚欲一瞻德範，以慰多年渴仰之懷。奈病骨支離，艱於遠出，咫尺千里，悵惘曷勝！伏惟亮察。

去年嘗辱手書，預訂文會，殆有意乎左提右挈，相與偕之大道。爲愛良厚，感戢無已，但無若區區之固滯何！夫固滯者，未免於循常，而高明者，恒妙於獨得。竊恐異同之論，有非一會晤間之所能決也。然病既有妨，盛意何可虚辱？輒以近來鄙説數段，奉塵尊覽，❶及嘗反覆高論有不能無疑者，亦條爲一段，具如别幅。固知未能仰契尊旨，將不免爲覆瓿之具，亦姑效其愚而已。雖然，愚者千慮，容有一得，先睽後合，尚不能無望於高明。伏希裁擇，幸甚。

「物者，意之用也。格者，正也，正其不正以歸于正也。」此執事格物之訓也。向蒙惠教，有云：「格物者，格其心之物也，格其意之物也，格其知之物也。正心者，正其物之心也。誠意者，誠其物之意也。致知者，致其物之知也。」自有《大學》以來，無此議論，此高明獨得之妙，夫豈淺陋之所能

❶「塵」，四庫本作「呈」。

窺也耶？然誨諭之勤，兩端既竭，固嘗反覆推尋，不敢忽也。夫謂「格其心之物，格其意之物，格其知之物」，凡其爲物也三。謂「正其物之心，誠其物之意，致其物之知」，其爲物也一而已矣。就三物而論，以程子格物之訓推之，猶可通也。以執事格物之訓推之，不可通也。就一物而論，則所謂物者果何物耶？如必以爲「意之用」，雖極安排之巧，終無可通之日。此愚之所不能無疑者一也。

又執事嘗謂：「意在於事親，即事親是一物。意在於事君，即事君是一物。」諸如此類，不妨説得行矣。有如《論語》「川上」之歎，《中庸》「鳶飛魚躍」之旨，皆聖賢喫緊爲人處，學者如未能深達其義，未可謂之知學也。試以吾意着於川之流，鳶之飛，魚之躍，若之何「正其不正以歸于正」耶？此愚之所不能無疑者二也。

又執事答人論學書有云：「吾心之良知，即所謂天理也。致吾心良知之天理於事事物物，則事事物物皆得其理矣。致吾心之良知者，致知也。事事物物各得其理者，格物也。」審如所言，則《大學》當云「格物在致知」，不當云「致知在格物」；當云「知至而後物格」，不當云「物格而後知至」矣。且既言「精察此心之天理，以致其本然之良知」，又言「正惟致其良知，以精察此心之天理」。然則天理也，良知也，果一乎，果非一乎？察也，致也，果孰先乎，孰後乎？此愚之所不能無疑者三也。

初作此書，將以復陽明往年講學之約。書未及寄，而陽明下世矣，惜哉！鄙説數段，皆《記》中語也，念非一家私議，因録之。

答允恕弟己丑夏

昨得手簡，知嘗細讀拙《記》。心性理氣諸説，乃《記》中大節目，吾弟所見皆合，何慰如之！然心性之辨既明，則象山之學術居然可見，顧乃疑吾言爲「已甚」，何也？象山之學，吾見得分明是禪，弟則以爲「似禪」。似之爲言，彷彿之謂也。以余觀之，佛氏有見於心，無見於性，象山亦然。其所謂至道，皆不出乎靈覺之妙，初不見其有少異也，豈直彷彿云乎！據象山所見，自不合攻禪，緣當時多以禪學目之，不容不自解爾。釋氏之自私自利，固與吾儒不同。然此只是就形迹上斷，他病根所在，不曾説得。蓋以靈覺爲至道，乃其病根，所以異於吾儒者，實在於此。而此二字正是象山受用處，如何自肯拈出？余所謂「陽避其名，而陰用其實」，誠有見乎此也。

格物之義，程、朱之訓，明且盡矣，當爲萬物無疑。人之有心，固然亦是一物，然專以格物爲格此心則不可。《説卦傳》曰：「觀變於陰陽而立卦，發揮於剛柔而生爻，和順於道德而理於義，窮理盡性以至於命。」後兩句皆主卦爻而言，「窮理」云者，即卦爻而窮之也。蓋一卦有一卦之理，一爻有一爻之理，皆所當窮，窮到極處，却止是一理。此理在人則謂之性，在天則謂之命。心也者，人之神明，而理之存主處也。豈可謂心即理，而以窮理爲窮此心哉？良心發見，乃感應自然之機，所謂天下之至神者，固無待於思也。然欲其一一中節，非思不可，研幾工夫正在此處。故《大學》之教，雖已「知止」、「有定」，必「慮而後能得」之，其工夫之詳密可知矣。若此心粗立，猶未及於知止，感應之際乃一切任其自然，遂以爲即此是道，其不至於猖狂妄行者幾希！凡象山之爲此言，誤人多矣，其流禍迄今益甚。士之好高欲速者，更倡迭和，駸駸乎有丕變於夷之勢，世道升降，將必由之。余惟恐攻之之不力，而無以塞其源，殊不覺其言之已甚也。

來簡有云「若陽避陰用，則象山乃反覆作僞之人」，此固君子之言，而亦可謂善辨矣，余敢忽哉！夫以象山之高明，固宜不肯作僞，但其見性不的，而主張所學太過，未免頗有飾辭。如《辨無極書》中「一陰一陽已是形而上者，況太極乎」兩語，明是踈脱，却須要遮飾。又如答李敏求心性材情之問，始終不見分曉，只是支吾，恐非所謂「修辭立其誠」也。弟嘗徧讀其書，試尋得幾句言性分明處來，安有不服？「陽避陰用」之説，當不俟終日而改之矣。

趙東山之贊，要在「超然獨契本心」一語，意欲爲象山出脱禪學。余固謂，象山有見於心，但無見於性爾，贊詞得無尚費分説耶？湛元明議論多持兩端，余嘗儗之楊子雲矣，況渠乃象山派下真法嗣乎？容有回護。言及於此，弟將又以爲甚。顧不直則道不見爾，倘猶未合，不妨更熟講之。余固嘗言，辨之弗明而弗措焉，必有時而明矣。

附允恕原簡

承示劄記，反覆數過。詞意俱到，心性理氣諸説，鄙見皆同。獨象山條下，終未盡合。心性雖微有分，原只一理。象山想是合下心地清明，故所見過高，再不細究，遂謂「心即理」也。又云：「格此物，窮此理，此字皆指心言。人誠能窮得此心之理，亦何性不了？」《記》云：「聖經格物窮理，果指心乎？然則物理果皆非心乎？」「當惻隱處自惻隱」等語，此良心發見處，恐亦無待乎思。又《與王順伯書》言：「儒者以人生與天地並而爲三極，不盡人道，不足與天地並。釋氏止見生死事大，此即其道之有異爾。」後一書尤懇切。若謂「陽避其名而陰用其實」，則象山乃反覆作僞之小人，非惟朱子得以攻之，順伯老兄亦將攘臂而毆之矣。「陰實祖用其説，而陽諱其所自來」，此亦朱之攻陸，未知能得其服辨否？《與順伯書》，朱子亦議其不是，今不及撿閲。嘗愛趙東山之贊及近日湛元明之語云：「謂之禪，吾不敢也。謂流而非禪，吾不信也。」可謂平正之論。兄再思之，《記》得無已甚乎！無令後人之議今也。今專此申，請便中示正，病暑不能詳悉。

答黄筠谿亞卿

道心，性也，性者道之體。人心，情也，情者道之用。其體一而已矣，用則有千變萬化之殊，然而莫非道也。此理甚明，此説從來不易。來書乃有「用非道乎」之難，殊莫詳所以。反覆思之，得非人心道心之辨有未合乎？夫「危微精一」四語，乃心學之源。僕於此煞曾下工夫體究來，直窮到無可窮處方敢立論，萬一未合，願相與熟講之，此處合則無往而不合矣。

「寂然不動，感而遂通。」高見謂非聖人不能，是以不能無疑於鄙説。愚則以謂，常人之心，亦有時而寂，但茫無主宰，而大本有所不立。常人之心，亦無時不感，但應物多謬，而達道有所不行。此其所以善惡雜出而常危也。此亦不須執紙上言語，驗之於心便自可見。既是人心動靜如此，即不容獨歸之聖人矣，請更詳之。

「靜無形而動有象」，只是就已發未發上立論，非謂人倫庶物皆不必留意也。蓋格物窮理工夫，《記》中第六、第七章，嘗推明程子之意，其説亦既詳矣。試求其下手處，惟性情最爲切近，故此章粗舉其端，至第二十一章方能盡其説也。果於性情上有見，則天下之理皆不外此，然亦須於事物上一一驗過。或先於事物有見，亦須就性情上驗過。蓋内外只是一理，但有纖毫不合便成窒礙，所見終未爲的也。且吾心之理，與人倫庶物之理，皆所謂「無聲無臭」者也，既曰「窮理」，孰非明其所難明者乎？

「知行當並進，而知常在先。」先儒有定論矣。南軒之説，未見全文，所謂知有淺深，理固如此。陽明學術大本已自不同，其餘要不足深辨。「知萬物同出一理爲知至」，此言未爲不是，但不知吕氏於格物處若何用工，乃自爲四説之異。據其所説，與同出一理之言自不相應，朱子以「牽合」二字斷之，可謂切中其病矣。余所云「物格則無物」者，誠以工深力到而豁然貫通，則凡屈伸消長之變，始終聚散之狀，哀樂好惡之情，雖千緒萬端，而卓然心目間者，無非此理。一切形器之粗迹，舉不能礙吾廓然之本體，夫是之謂無物。孟子所謂「盡心知性而知天」，即斯義也。天人物我，其理本一，不容私意安排，若有意於合物我而一之，即是牽合之私，非自然之謂矣。勉强牽合，此處或通，他處復礙，何由得到盡心地位耶？來書所舉無物之句，格字在物字上，恐一時筆誤也。

六十五章「重添註脚之煩」，誠如來諭。但於理一分殊之義，似乎稍有發明，不知觀者緣何反惑？

「繼之者善」即所謂「感於物而動」，直緣程子之意而申明之耳，非以化育形容人心也。蓋程子「繼善」之云，是就人性發用處説，「感物而動」正是人性發用處也。以「感動」釋「繼善」，程子本意較似分明，似亦無可疑者。惟「濁，其感動之物欲」以下三語，原本倒却正意，後嘗改正。所以致惑，或恐在此，更希示知。

「指摘」之諭，盛德之言也。感佩，感佩。初間遇有所見，即記之於册，似此類多矣，及寫淨本，亦頗自覺傷直，多已削之，所未果盡削者，誠慮道之不見也。然直有餘而禮不足，僕誠過矣，將何以補之乎？

答歐陽少司成崇一 甲午秋

得六月望日書，披閲再四。承不以老朽見棄，爲之欣然傾倒，多至累幅，厚意何可當！夫道之不明久矣，所幸聖賢之遺書尚存，有志於學者，誦其言而咀其味，探其歸趣，反而驗之吾心，庶或窺見其一二，以爲持循之地。顧有道之君子，世不多得，是非得失，莫或正之，其所取證，終亦不出乎聖賢之書而已。僕之從事於此，蓋亦有年，齒髮既凋，自度無能復進，乃筆其區區之見，以與朋友講之。然視爲老生常談，一覽而遂置之者多矣，異同之論，邈乎其未有聞。頃辱貽書，見需拙稿。夙欽高誼，因輒以奉寄，意者將有合焉。誨札遄來，則枘方鑿圓，殊不相入。高見已定，殆亦無復可言者矣，而書詞丁寧，不容但已，勉罄所聞以復，請更詳之。

來書凡三段，第一段申明良知即天理之説甚悉。首云：「知覺與良知，名同而實異。」末云：「考之孔、曾、思、孟、濂溪、明道之言，質之《楞伽》、《楞嚴》、《圓覺》、《涅槃》諸經，其宗旨異同，頗覺判别。」足知賢契不肯以禪學自居也。然人之知識，不容有二。《孟子》本意，但以不慮而知者名之曰良，非謂别有一知也。今以知惻隱，知羞惡，知恭敬，知是非爲良知。知視，知聽，知言，知動爲知覺。是果有二知乎？夫人之視聽言動，不待思慮而知者亦多矣，感通之妙，捷於桴鼓，何以異於惻隱、羞惡、恭敬、是非之發乎？且四端之發，未有不關於視聽言動者，是非必自其口出，恭敬必形於容貌，惡惡臭輒掩其鼻，見孺子將入於井，輒匍匐而往救之，果何從而見其異乎？知惟一爾，而强生分别，吾聖賢之書未嘗有也。惟《楞伽》有所謂真識、現識及分别事識三種之别，必如高論，則良知乃真識，而知覺當爲分别事識無疑矣。夫不以禪學自居，志之正也，而所以自解者，終不免墮於其説，無乃未之思乎！

「天性之真，明覺自然，隨感而通，自有條理，是以謂之良知，亦謂之天理。」僕雖耄，固知賢契所得，在此數語，然其誤處亦在此數語。此正是講學切要處，不得無言。第恐定力難移，言之苦無益爾。雖然，吾心其可以不盡乎？夫謂良知即天理，則天性、明覺只是一事。區區之見，要不免於二之。蓋天性之真，乃其本體，明覺自然，乃其妙用。天性正於受生之初，明覺發於既生之後。有體必有用，而用不可以爲體也。此非僕之臆説，其在《樂記》則所謂「人生而静，天之性」，即天性之真也，「感物而動，性之欲」，即明覺之自然也。在《易大傳》則所謂「天下之至精」，即天性之真也，「天下之至神」，即明覺之自然也。在《詩·大雅》則所謂「有物有則」，即天性之真也，「好是懿德」，即明覺之自然也。諸如此類，其證甚明，曾有一言謂良知爲天理者乎？然孔、曾、思、孟、濂溪、明道之言，賢契嘗考之矣，或恐别有可證高論者，惜乎，略未舉及。僕請再以所聞於數子者證之。孔子嘗言「知道」、「知德」矣，曾子嘗言「知止」矣，子思嘗言「知天知人」矣，孟子嘗言「知性知天」矣。凡知字皆虚，下一字皆實。虚實既判，體用自明，以用爲體，未之前聞也。況明道先生嘗釋「知覺」二字之義云：「知是知此事，覺是覺此理。」尤爲明白易見。上下千數百年，其言如出一口，吾輩但當篤信而固守之，豈容立異。若前無所受，而欲自我作古，徒滋後學之惑而已，非惟不足以明道，且將獲罪於聖門，可不慎乎！

且僕又嘗聞之，伊川之道與明道無異，晦菴之學以二程爲宗。來書所舉竟不及二先生，何也？得無以其格物之訓，於良知之説有礙乎？夫天人物我，其理無二。來書「格物工夫惟是隨其位分，修其日履」，雖云與佛氏異，然於天地萬物之理，一切置之度外，更不復講，則無以達夫一貫之妙，又安能盡己之性，以盡人物之性，贊化育而參天地哉！此無他，只緣誤認良知爲天理，於天地萬物上，良知二字自是安着不得，不容不置之度外爾。聖人本天，釋氏本心。天地萬物之理既皆置之度外，其所本從可知矣。若非「隨其位分，修其日履」，則自頂至踵，寧復少有分别乎？二先生所見之理，洞徹無間，凡其格物之訓，誠有所謂「百世以俟聖人而不惑」者，其孰能易之！世儒妄加詆訾，以自陷於浮薄，諒賢契之所不取，然於二先生之學，似宜更加之意，不以所見偶未之合而遂置之，斯文之幸也。

第二段所論學、問、思、辯工夫，與僕所聞亦無甚異。但本領既别，則雖同此進爲之方，先後緩急自有不可得而同者。盖以良知爲天理，則易簡在先，工夫居後，後則可緩，陳白沙所謂「得此欛柄入手，更有何事！ 自兹以往，但有分殊處合要理會」是也。 謂天理非良知，則易簡居後，工夫在先，先則當急，《中庸》所謂「果能此道矣，雖愚必明，雖柔必强」是也。 此説頗長，姑舉其概，以賢契之明悟，宜亦不待余詞之畢也。 聖賢經書，人心善惡是非之迹，固無不紀，然其大要，無非發明天理，以垂訓萬世。 世之學者，既不得聖賢以爲之師，始之開發聰明，終之磨礱入細，所賴者經書而已。 舍是，則貿貿焉莫知所之，若師心自用，有能免於千里之謬者鮮矣！ 善讀書者，莫非切己，工深力到，内外自然合一，易簡之妙於是乎存。 岐而二之，不善讀書者也。 夫天下之士亦多矣，豈可謂凡讀書者皆遠人以爲道，惟尊奉其良知以從事於易簡者，乃爲不遠人以爲道乎？

第三段所論教學本原與夫後世學術之弊，亦可謂句句合矣。 但微意所在，乃專以尊奉良知，從事於易簡者爲是，窮究物理，博通於典訓者爲非。 只緣本領不同，故其去取若是。 夫孔孟之絶學，至二程兄弟始明。 二程未嘗認良知爲天理也，以謂有物必有則，故學必先於格物。 今以良知爲天理，乃欲「致吾心之良知於事事物物」，此語見《傳習録》。 來書亦云：「致其良知於日履之間，以達之天下。」則是道理全在人安排出，事物無復本然之則矣，無乃不得於言乎！ 《雍語》亦云：「天理只是吾心本體，豈可於事物上尋討？」總是此見。 「不得於言而勿求諸心」，此是告子大病。 凡爲孔孟之學者，或偶霑斯疾，不早進瞑眩之藥以除其根，是無勇也。

古者《大學》之教，非秀民不預。 農、賈、罝兔，誠有所不能及者，故曰「民可使由之，不可使知之」。 公侯腹心，天資之忠厚者亦云可矣，豈真見而知之，與太公望、散宜生等乎？ 古人自幼而學，至四十始仕，三十年間無非爲學之日，既專且久，道明而德立，及爲公卿大夫，直行其所學而已，不暇爲學又奚病焉？來書不能及不暇爲之説，殆以廣招徠之路，使人競趨於易簡爾，豈通論乎！格致與博物洽聞不同，先儒已自説破。彼徒博而不知反諸約者，望其入道，誠亦難矣。若夫講之精，辯之悉，知之明，而學之果不差焉，斯固吾夫子之所謂好學者，豈易得哉？學既不差，安有源遠本披之患！本披源遠，皆差之毫釐而不自覺者也。嗟乎！安得先覺之君子，特起於今之世，以盡覺夫未覺者哉！

累幅之書，中間儘有合商量處，第年老，精神短，照管不及，又恐亂却正意，是以但即其切要者論之。然體用兩字果明，則凡未經商量者，雖欲不歸於一，不可得也。未審高見畢竟以爲何如？言有盡而意無窮，千萬詳察。

又 乙未春

二月十一日，得去年十月晦日所惠書。使復問，不覺遂半年矣。披覽之既，欣慰可知。僕獨學無朋，見聞甚少，向來奉復，誠欲資麗澤之益，故詞繁而不殺。兹承逐條開剥，俾得聞所未聞，幸甚，幸甚！

夫良知之説，賢契講之久矣，其義皆先儒所未及。僕之所守，不過先儒成説，其不合也固宜。詳味來書，詞雖若謙，而所執彌固。固以凝道，謙以全交，可謂兩得之矣。老拙於此，尚何言哉！然而瓊玖之投，木瓜之報，又禮之所不容廢者。❶敬就來書，再舉一二，以見枘鑿之不相入處。刓方爲圓，老拙固所不能，斲圓就方，賢契亦或未肯，姑以奉酬雅意焉爾。

來書謂「立言各有所當」，此語固然。《樂記》亦云「物至，知知」，不妨自爲體用也。但以理言，即恐良知難作實體看。果認爲實體，即與道、德、性、天字無異。若曰「知此良知」，是成何等説話耶？明道「學者須先識仁」一章，首尾甚是分明，未嘗指良知爲實體也。首云：「仁者，渾然與物同體。義禮智信皆仁也。識得此理，以誠敬存之而已。」中間又云：「《訂頑》意思，乃備言此體。以此意存之，更有何事！」初未嘗語及良知，已自分明指出實體了。不然，則所謂存之者，果何物耶？且《訂頑》之書具存，並無一言與良知略相似者，此理殆不難見也。其「良知良能」以下數語，乃申言「存得，便合有得」之意。蓋雖識得此理，若欠却存養工夫，「則猶是二物有對，以己合彼，終未有之」。惟是存養深厚，自然良知日明，良能日充，舊習日消，此理與心漸次打成一片，便爲己有，夫是之謂「有得」。其語脉一一可尋也。此章之言，陳白沙嘗喫緊拈出，近時有志於學者率喜談之。然非虚心潛玩，毫釐之差或未能免，無乃上累先賢已乎！

又來書力辨「置之度外」一言，僕固知此言之逆耳，然竊有所見，非敢厚誣君子也。嘗讀《文言》有云：「大哉乾乎！剛健中正，純粹精也。」此天理之本然也。《彖傳》有云：「乾道變化，各正性命。」此

---

❶「廢」，原作「爲」，據四庫本改。

天理之在萬物者也。吾夫子贊《易》，明言天地萬物之理以示人，故有志於學者，須就天地萬物上講求其理，若何謂之純粹精，若何謂之各正。人固萬物中之一物爾，須灼然見得此理之在天地者與其在人心者無二，在人心者與其在鳥獸草木金石者無二，在鳥獸草木金石者與其在天地者無二，方可謂之物格知至，方可謂之知性知天。不然，只是揣摩臆度而已。蓋此理在天地則宰天地，在萬物則宰萬物，在吾心則宰吾身，其分固森然萬殊，然上是一理，皆所謂純粹精也。以其分之殊，故天之所爲，有非人所能爲者，人之所爲，有非物所能爲者。以其理之一，故能致中和，則天地以位，萬物以育。中，即純粹精之隱於人心者也；和，即純粹精之顯於人事者也。自源徂流，明如指掌，故曰「聖人本天」。僕之所聞蓋如此。今以良知爲天理，即不知天地萬物皆有此良知否乎？天之高也，未易驟窺，山河大地吾未見其有良知也。萬物衆多，未易徧舉，草木金石吾未見其有良知也。求其良知而不得，安得不置之度外邪？殊不知萬物之所得以爲性者，無非純粹精之理，雖頑然無知之物，而此理無一不具。不然，即不得謂之各正，即是天地間有無性之物矣。以此觀之，良知之非天理，豈不明甚矣乎！

來書所云「視聽思慮必交於天地萬物，無有一處安着不得，而置之度外者」，只是認取此心之靈，感通之妙，原不曾透到萬物各正處，未免昏却理字，終無以自別於弄精魂者爾。頗記佛書有云：「佛身充滿於法界，普見一切群生前，隨緣赴感，靡不周而恒處此菩提座。」非所謂「視聽思慮必交於天地萬物」者耶？此之睽而彼之合，無他，良由純粹精之未易識，不肯虛心易氣以求之爾。

率意盡言，似乎傷直，然非以求勝也。蓋講論道理，自不容於不盡，是非取舍，則在明者擇焉。倘猶未亮，姑置之可也。因風時寄數字，以慰岑寂，足見久要之義。鄉書已祗受，珍感，珍感。不宣。

答劉貳守焕吾乙未秋

前日講論有遺，補之以小簡，遽勞還答。非篤志好學，安能若此！示諭縷縷，大體雖若相同，而工夫終未歸一。再有商確，想不爲煩。

來書云「道心即本心，本心即天理」，又云「求仁之外無餘學」，又云「孔門答諸子問仁處，只指其要言之，而本體已自在」，所言皆當，但要認得天理及仁字分明，庶乎存養之不差爾。至謂「聖賢論心，皆指道心言」，又謂「赤子之心即道心」，却恐未的。僕嘗偏考經書中專言心體者，惟是《虞書》「道心」、《孟子》「良心」兩言最盡。其他就發用處説爲多，如所謂「以禮利心」，「從心所欲不踰矩」，「其心三月不違仁」。此三心字若認着道心，則禮字、矩字、仁字，皆説不去矣。赤子之心，伊川以爲「發而未遠乎中」，晦菴以爲「純一無僞」，亦是説發用處，其言皆不容易。若曰道心，則人人有之，何獨赤子也？然亦非獨人爾，物皆有之。《易》不云乎「各正性命」？故欲見得此理分明，非用程、朱格物工夫不可。夫物我並立，而内外形焉，乃其散殊之分。然而内此理也，外亦此理也。所貴乎格物者，正要見得天人物我原是一理，故能盡其性，則能盡人之性，盡物之性。人物之性各在人物身上，而吾乃能盡之者，非以此理之同故耶？凡程、朱格物之訓，正所謂合内外之道，而顧以爲非，只欲固守此心，而物理更不窮究，則雖名爲合一，實已分而爲二矣。

大抵區區之見，與近時諸公異者，只是心性兩字。人只是一箇心，然有體有用。本體即性，性即理，故名之曰「道心」。發用便是情，情乃性之欲，故名之曰「人心」。須兩下看得分明始得。「孩提之童，無不知愛其親。及其長也，無不知敬其兄。」非發用而何？然則良知之説可知已。若但認取知覺之妙，執爲天理，則凡草木之無知，金石之至頑，謂之無性可乎？推究到此，明有窒礙，恐不可不深思也。拙《記》中此等意思，發得已多，但恐散漫難看。近《答崇一符臺》一書，櫽括粗盡，今輒以奉覽。賢契講學，蓋欲得之於心，非若他人出入口耳者，僕是以樂於往復，而忘其拙。雖未敢必其有合，其必有以輔區區之不逮者矣。

又

再辱還答。乍合乍離，猶欲致詳，亦難乎其爲言矣。蓋高見已定故也。然重違雅意，因復少效區區，雖若傷煩，庶無失爲忠告焉爾。

天理，通天地人物而言，《易》所謂「性命之理」是也。仁字專就人身而言，《易》所謂「立人之道，曰仁與義」是也。蓋天地人物，原無二理，故此理之在人心者，自與天地萬物相爲流通，是之謂仁。果認得天理分明，未有不識仁者。昨因舉來書三語，故著箇及字。惻怛、惻隱皆發用之妙，非仁之本體也。

「以禮制心」三句，皆人心聽命於道心之意，禮非外也。來書以三念字代三心字，及舉「存其誠」之説，皆得之矣。所云「格此念作格其非心看」自是，如作格物説，却難通。

僕於天理，粗窺見一二，實從程、朱格物之訓而入，與賢契素所尊信者，終恐難合。伊川先生云：「物我一理，纔明彼即曉此。此合内外之道也。」果見得此理分明，即天人物我一時通徹，更無先後，故曰「知其性則知天矣」。來書「知所先後」一言，容有遷就，未敢以爲然也。

所云「良知有條理處，謂之天理，天理之明覺處，謂之良知」。此與「良知即天理」之言，不審是同是别？「即」之爲言，还添得註脚否耶？賢契非淺於文義者，稍肯虚心推究，殆不難見也。夫所謂天理者，無一物欠缺，無一息間斷。堯草田荆，山傾鐘應，自古至今能幾見耶？便以爲推究得去，恐未可也。

又丙申秋

五月間獲領華翰，知履任平善，良慰鄙懷，副以佳儀，足感至意。聞潮士多肯向學，此第一好消息。聚講之願，賢契恐不得辭，然亦無可辭之理也。

來書又論及心性，足知好學無已。頗記往年奉柬，已嘗有終恐難合之慮，既各安所見，驟難歸一，曷姑置之？《大學》未嘗言性，言至善矣，正心乃止至善工夫，至善果何物耶？未易識也。《中庸》未嘗言心，言戒懼慎獨矣，戒懼慎獨非心而何？惟有心地工夫，乃無失乎天命之正。其言各有條理，毫髮不差，若欲援此以證心性之爲一物，切恐未當。孟子曰：「盡其心者，知其性也。」「者」、「也」兩字，一呼一應，安得混而無别乎？且性乃生理，今直認爲生意，難道不錯？理無形，意有迹也。此至精至微處，非言可悉，須自得之。

雖然，賢契平日所聞，蓋已積滿胸中矣。問辯雖勤，匪虛曷受？再三之瀆，得無彼此俱失乎？惟加察焉，是所望也。

答陳靜齋都憲丙申冬

辱書，知嘗通覽拙《記》，爲幸多矣。獎借之過，殊不敢當，惟不吝切磋，乃爲至愛。承諭以人心道心之疑，具悉尊旨。然生之認道心爲未發，非欲與朱子異也。蓋潛心體認，爲日久矣，於是證以《中庸》之説，其理甚明。若人心道心一概作已發看，是爲語用而遺體。聖人之言，殆無所不盡也。「惟精」是隨時省察工夫，就人心而言。「惟一」是平日存養工夫，就道心而言。蓋人心常動，動則二三，故須察。道心常定，惟是一理，故只消養。平日既知所養，又隨時而致察焉，則凡人心之發，無非天理之流行矣，此天人之所以一也。察即審也，恐非二事。施爲或謬，其病只在本原，若本原未純，驗之雖勤，無益也。鄙見如此，不審猶有窒礙否乎？且朱子序《中庸章句》有云：「天命，率性則道心之謂也。」註解有云：「大本者，天命之性，天下之理皆由此出，道之體也。」夫既以大本爲天命之性，以天命之性爲道心，則道心明是未發。而又以爲「指其發於義理者而言，則謂之道心」，是原未有一定之論也。將求所以歸于至一，非高明其誰望耶？

所舉黄勉齋答李貫之問，似與鄙見亦不甚同。蓋渠論人心道心，皆固守師説，且分析太過，覺少混融之妙也。所謂「以理而動，無迹可見，故曰微」。此言殊有病。天下之動固根于理，動必有迹，安得云微？且既曰「以理而動」矣，而又曰「存之於内」，何言之不一也？將求所以歸于至一，安得不深有望於高明哉！若夫先言人心，而後言道心，聖意所存，固難臆度。但觀《中庸》之論中和，亦先舉喜怒哀樂四者，似皆欲人據其可見之迹而求之，則無聲無臭之妙，庶乎可以默識。不然，即恐茫然無處下手，求之愈遠而反失之矣。

妄意如此，姑備一説可乎？久病初愈，詞不逮意，切冀尊裁。他有所疑，不惜一一鐫諭，尤感。

又

續承教札，摘示拙《記》中論敬一條，謂：「此心必敬而後能操，今曰操即敬也，似無所用其敬矣。」又謂：「主敬，持敬，如朱子所作《敬齋箴》，其切甚密，絶無罅隙，如徒操而不敬，未免欲密而反踈。」凡所疑於鄙説者，其曲折盡此數語。然恐生之蔽於所見也，乃備舉堯舜以來至於程、朱數子，凡其格言至論與夫實用工之方，以開發之。忠告善道，何以加此！感甚，幸甚！

夫敬之一字，誠千聖傳心之要典，生雖不敏，亦嘗與有聞焉，何敢弗敬？然考之吾夫子之訓，但言敬以直内，未嘗言主敬、持敬也。至程子始有此言，然其曰「操之之道，敬以直内而已」，固夫子本意也。詳味「而已」兩字，只「敬以直内」便是操之之道。敬外無操，操外無敬，謂「必敬而後能操」，恐非程子意也。若曰「必敬而後能存」，則其義自明，而於鄙説亦無可疑者矣。主敬、持敬爲初學之士言之可也，非所以論細密工夫也。何也？謂之主敬，非心其孰主之？謂之持敬，非心其孰持之？夫敬實宰乎心而心反繫於敬，欲其周流無滯，良亦難矣。一有滯焉，安得直乎？此生所以有「欲密反疎」之疑也。初學之士，其心把捉不定，往往爲物所化，以此爲訓，盖所以防之耳。若論細密工夫，無如「操」字之約而盡，更不須道「主敬」、「持敬」，敬已在其中矣，此致一之妙也。

生之從事於斯，不爲不久，凡諸儒先之訓見於《大學》、《或問》中者，皆嘗一一驗之。果能常常提掇此心，有不「主於一」，而更他適者乎？有不「整齊嚴肅」者乎？有不「常惺惺」者乎？有不「收斂」而復容一物者乎？驗之數說，既無不合，反而驗之身心，若動若静，亦頗做得主宰，於是始涣然自信，以爲即此是敬，可無待於他求也。是知操之一言，乃吾夫子喫緊爲人處。凡有志於學者，果能奉以周旋日用，工夫真是直截，既無勞擾，亦不空疎，故特表而出之，期與同志之士共學焉，非立異也。况朱子嘗因論敬，直窮到底，亦以爲「要之，只消一箇操字。到緊要處，全不消許多文字言語」。是誠先得我心之所同然，惜其混於多説之中，莫或知此言尤爲切要者耳。《敬齋箴》反覆詳盡，委無罅隙，然所謂「動静弗違，表裏交正」，孰非操存之實乎？恐不必將敬字别作一項工夫看也。

自領教札以來，紬繹再三，思有以仰承諄誨，而終未能頓舍其舊。又不敢曲爲之説以自欺，爰竭愚衷以謝明教。切磋之惠，尚有望於嗣音，幸無靳也！

又

昨小僕回，又承教札。非志道之篤，愛與之誠，何能及此！往復莫逆，欣慰良多。「妙合而凝」，所舉張南軒之説甚當，朱説似乎少異，請更詳之。如南軒之説，合字自可不用也。「所以陰陽者道」，來教云：「理既是形而上者，雖着所以字亦不妨。」此言良是，區區之意，但以爲不如伯子之言，尤渾然無罅縫耳。然「所以」兩字果看得透，則所謂「原來只此是道」益了然矣。大抵説到精微處，愈難爲言。謹此奉酬，伏希裁擇。

答陳侍御國祥丁酉春

歲前祇領教札，如獲百朋。裁謝草草，實緣匆遽。使者去後，方得究觀。天分之高，學力之優，志向之正，隱然皆有見於言外，爲之降歎無已。第推與之過，殊不敢當，遊於聖門，自當守吾聖人家法爾。人心道心之辨，僕於此用工最深，竊頗自信。朋友間往往疑信相半，只爲舊説横在胸中。今得高論爲之發明，殆非小補。所云：「《中庸》言『喜怒哀樂之未發』，則直謂之『中』。言『既發』，則必加『中節』而後謂之『和』。此無他，氣用事與不用事之辨也。」此數言者尤爲切當，明乎斯義，則區區之説自無可疑者矣。僕嘗謂：「人心道心之辨明，然後大本可得而立。」斯誠講學第一義，高論首及於此，而詞又足以達其意，其有見哉！

又承論及佛氏與陸象山，斯亦講學之所不容後者。然彼此之論，似乎小有未合，敢略申之。僕論佛氏「有見於心，無見於性」，高論亦既在所取矣，而又以爲「責之甚恕」，豈非以佛氏之於此心，見之猶有所未盡耶？然既云「無見於性」，即不得比於孟子之「盡心」矣。僕謂象山亦然，高論初以未悉爲詞，既而欲處之告子之列。朱子固嘗以告子目象山矣，蓋以力制其心之同也。然僕嘗細推之，不能無別。告子之不動心，其心死，其時未有佛氏，但以燭理未明，而墮於意見之偏，高論以爲「學焉而流者」是也。然其爲説，初無以動人，其害終小。象山之不動心，其心活，蓋誠有得於頓悟之妙，從源頭便是佛氏「本來面目」，夫豈末流之失乎？其人雖遠，其説方行，所以陷溺人心而蓁蕪正路者，固君子之所深慮，未可容易放過也，請更詳之。

又承見諭，因覽拙《記》至「物格則無物」數語，心目間恍若有見，惜於不久而晦，而遂失之。詳味書詞，足知平日曾用格物工夫，故一旦因所感觸，似乎豁然有箇覺處。其隨晦而失之者，殆工夫欠接續之故耳，惟是操存、省察交致其功，不使有須臾之間斷，則晦者以明，明者益顯，自當久而弗失。《詩》所謂「學有緝熙于光明」，緊要處全在「緝」字也。鏡、路二喻，皆出於先儒。磨盡塵垢之昏，則本體瑩然。行到王國之中，則萬方畢會。此理固然，無可疑者。倘遺形器之粗，憚積累之勞，而欲徑探夫上達之妙，却恐反生病痛。妄意推測如此，不識然乎？

又承有感於僕所論吴草廬之言，而深病夫近世學者妄議朱傳之失，示及所嘗論辨之説，甚是詳明，自非留心正學，安能及此？夫世之妄議朱傳者，其始盖出於一二人崇尚陸學之私。爲其徒者，往往貪新而厭舊，遂勇於隨聲逐響，肆爲操戈入室之計。姑未論夫至道，就其師説亦何嘗有實見也！浮誕之風日長，忠實之意日微，世道所關，有不勝其可慨者矣。

然義理真是無窮，吾輩之尊信朱子者，固當審求其是，補其微罅，救其小偏，一其未一，務期於完全純粹，而毫髮無遺恨焉，乃爲尊信之實，正不必委曲遷就於其間。如此，則不惟有以服妄議者之心，而吾心正大光明之體亦無所累。且朱子之於兩程子，何如其尊信也！觀其註釋經書，與程説亦時有小異，豈非惟是之從乎？然非極深研幾，則所謂是者，要亦未易言也。

僕資本中人，學無師授，管窺蠡測，何足以究斯道之大全！過蒙不鄙而惠之書，反覆傾倒，曾無少吝。重惟盛意不可以虚辱，因敢輒效其愚如此。據高見所及，加以培養之功，將來所就固非朽拙所能量也。夫培養深厚，則所見益精，言愈約而味愈長，行愈力而事愈實，升堂入室，夫何遠哉！千里神交，即同晤語，屬望之意，倍切惓惓，想蒙亮察。凡愚見所未及，更希有以見教也。不宣。

答劉貳守焕吾丁酉冬

伻來，辱書儀之惠，多感盛情。審知宦況清佳，兼有捧珠之喜，尤用欣慰。書中諄諄以講學爲事，志誠篤矣，顧老朽連年卧病，茅且塞心，將何以奉酬高論乎？

所舉「學者須先識仁」一段，以爲中間不曾拈出下手工夫。僕向時亦嘗有此疑，子細看來須以意會。蓋首云：「仁者，渾然與物同體。義禮智信皆仁也。」中間又云：「《訂頑》意思，乃備言此體。」此是明道先生分明指出仁體處，學者便當就此下體認工夫。果看得《訂頑》意思透時，則章首兩言之義，自當了然於心目間，而存之者有其實矣。不然，更將孔子答諸弟子問仁之訓，一一潛心體認，真積力久，庶乎其自得之。

仁固不外乎心，然非可以淺近窺，急迫求也。今欲灼知仁體所在，而從事於親切簡當工夫，似頗傷於急迫。蓋此理該貫動静，無乎不在。故欲灼知仁體，而存、省交致其功，則善矣。必欲灼知仁體所在，而求其工夫之簡當，有不墮於佛氏「本來面目」者幾希。

乍見孺子入井之心，孟子明以爲仁之端，恐難作仁體看。體用雖非二物，然自有形而上下之分。若以覺爲仁，則混而無别矣。且覺之一字，非惟孔子未嘗道及，程子亦未嘗道及，後學當安所取信乎？鄙見如斯，不容有隱，更希詳擇。

拙《記》誤勞鄭使君翻刻，恐累知言，然詳味其題辭，其篤信好學，可想見已。兩賢並處，志同道合，切磋之益豈少哉！僕常念斯道難明，同志難得。乃因賢契，又知有鄭使君，心之好之，亦自有不能已者，第無緣一會耳。力疾裁復，詞欠周悉，幸惟亮之。

復張甬川少宰戊戌春

歲前，小兒珝到家。得所惠教札，及盛製四編。斯文至愛，弗勝感荷。審知道體安和，尤用欣慰。高明之學，切於爲己，所造既深，而猶以講習爲事，同聲之應，亦何能已！第書詞過重，殊非淺陋所敢當！惟有以規正而助益之，乃爲至幸。

《大學》、《中庸》二《傳》，辭皆精練，正心之義，與鄙見不約而同。然拙《記》中僅能略舉其端，不如高論貫穿前後，本末兼盡。晦翁復起，殆莫之能易矣，敬服，敬服！但以靈覺爲性，淺陋殊不能無疑。拙《記》中於此事論之最詳，想未深契也。切詳高意，蓋以性不外乎仁義禮智，而謂靈覺屬智，是以一之。僕嘗驗之《文言》「貞者事之幹」，及《中庸》「聰明聖知達天德」二語。在人之智，即在天之貞，是即所謂天德。明乎貞字之義，則智與靈覺，殆不容於無別也。明乎達字之義，則聖知與天德，又不容於無別也。蓋仁義禮智，皆定理，而靈覺乃其妙用。凡君子之體仁，合禮，和義，幹事，靈覺之妙無往而不行乎其間，理經而覺緯也。以此觀之，可以見心性之辨矣。此義理本原，不容有毫髮差互，請更詳之。且高論亦有「非性何靈之有」一言，是明有賓主之分。蓋心之所以靈者，以有性焉，不謂性即靈也。僕嘗言「天地間非太極不神，然遂以太極爲神則不可」，即此義也。夫賓主之分，乃其理之自然。是以雖欲一之，而語脉間自不能無對待之勢，不可得而一也。吾輩所當明辨者，無切于此。辱愛之厚，不敢不盡其愚，庸備裁擇。

僕晚而學《易》，殊欠浹洽，詳讀高論，啓發良多。蓋皆得於精思熟玩，優游厭飫之餘，决非工爲籠罩者所能到也。間有一二稍逆于心，想只是本原處所見未一，恨無由相與細講之爾。

《春秋說》初讀便快，愈讀愈快，有如是學識，須得如是筆力以發之。力救胡氏之偏，盡洗從來穿鑿之弊，其有補於《春秋》不爲少矣。僕於此經，未及明習，然所謂「據事直書，而得失自見」，鄙意素亦云然。以此意求之，所見固應脱灑，加之文字縝密，行遠何疑？歎賞之餘，因欲求正一兩事。如孔父、仇牧、荀息之死，諸傳皆以爲聖人與之。反覆推尋，深所未喻。三人者，惟仇牧事迹欠詳，如孔父狥其君以黷武殃民，荀息狥其君以廢嫡立庶，皆釀成弑逆之禍，罪莫大焉。縱其大罪而取其小節，豈所以垂訓於萬世乎？又況「義形于色」及「不畏强禦」之云，考之《左傳》，俱未見得，不知書「及」之意果安在也？跂聞高論，以決鄙疑。

老病交侵，神疲力乏，乘便修復，不能究所欲言者，千萬亮之。臨楮惓惓，尤冀爲斯文寶重。不宣。

答陸黃門浚明 戊戌秋

七月二十日得六月十日書，後數日，方得五月十九日書。《震澤長語》及重刻拙《記》，皆如數收領，感慰兼至。跋語簡重嚴健，意味深長，識者無不歎服，但推與之過，殊不克當爾。拙《記》恐未足傳，乃勞重刻。原執事之所用心，惟欲共明斯道，以盡吾儒職分之常，初非有所私於老朽，老朽亦安得以其私謝？第心識之。審知文候清佳，績學不倦，尤慰懷想。爲己之學，最是涵養體認工夫常要接續，記覽考索皆其次爾，想高見具悉，無俟鄙言。

兹因蕭掌教先生處人行，敬此奉復，別録所疑，一一條答如左。義理無窮，識見有限，有所未合，當再商量，弗明弗措，煩數非所計也。

「程伯子論生之謂性」章

此章曲折頗多。僕嘗反覆推尋，覺得「纔説」兩字，正與「不容説」三字相照應。纔説性時，便已不是本然之性，則所謂不容説者，非本然之性而何？若以爲指天道而言，則此章大旨本因論性而發，既詳於氣禀，却無一言説着本然之性，而遽推及天道，恐非程子意也。「凡人説性，只是説『繼之者善也』，孟子言『人性善』是也。」此三句蓋以申明「纔説性時便已不是性」之意。「繼善」乃借用《易》中語，指人性發用處而言，意謂凡人説性只説得發用處爾。孟子道性善，亦只是就發用處，指出示人。觀乎「乃若其情，則可以爲善」等語，分明可見。若夫本然之妙，畢竟不容説也。然孟子雖就發用處指示，正欲學者泝流窮源，以默識夫本然之妙。如告子輩則遂認取發用處，執以爲性，竟不知有「人生而静」一層，此其所以卒成千里之謬也。拙《記》中又以「感物而動」一言申「繼善」只是要將「動静」兩字，説教理一分殊分曉。理一便是天地之性，分殊便是氣質之性，與高見亦何異乎？然天地之性，須就人身上體認。體認得到則所謂「人生而静」，所謂「未發之中」，自然頭頭合着矣。遠厪誨諭，研究再三，而説來説去終是舊時見識。不知理果盡於此乎？抑固而未化也？便中更希明示。

「凡言心者皆是已發」章

人心道心，看得甚好。「必使道心常存，而人心之發每不失其正焉。」此言尤當。希賢希聖更無他法，但當力踐此言而已，願相與勉之。

「《新刻楞伽經序》」章

憂深慮遠，拙《記》偶未及此，當思所以處之。

「能者養以之福」章

「養之以福」，僕於此句平日有疑，因讀《漢書》作「養以之福」，其疑遂釋。若曰「養之以致福」，理無不通，但須增一「致」字爾。古人屬辭，固不必一一對待，然經書語句多有對得整齊者。要之，只是順理成章，非有意也。

「《通書》義精辭確」章

愛固不足以盡仁，而仁實愛之理，所以最難爲言，來書所疑未爲過也。但「博愛之謂仁」，太説殺了。「愛曰仁」語意却較寬平，與孟子「惻隱之心，仁也」相似。要之，終有所未盡耳。「中也者，和也，中節也，天下之達道也。」其意盖以「發而中節之和」爲中。中字該貫體用，在人如何用耳。「中也者」一句，與上文剛善、剛惡、柔善、柔惡是一類，此處恐不必置疑。

「天道之變盡於春夏秋冬」章

此前一章已嘗論及邵學大意，亦可見矣。元、會、運、世之説，都是從數上推出，初非杜撰。小則一歲，大則一元，參伍錯綜，其説皆有條理，若比之鄒衍迂誕之談，佛氏宏闊之論，切恐太過。但其學不傳，無由通知其本末耳。高論甚實，僕無得而議之。經綸世變，乃邵書本旨。皇、帝、王、伯雖則並稱，而等級至爲嚴密。其以《易》、《書》、《詩》、《春秋》爲聖人之四府，雖未及《儀禮》、《周禮》，然有「禮樂汚隆乎其間」一言，説得却無滲漏。其前後議論，諸儒道不到處頗多，間有一二未純，瑕瑜自不相掩也。若其妙達天人之藴，朱子特深知之，所著贊辭，稱其「手探月窟，足躡天根」，其必有所見矣。大抵吾輩博觀群籍，於凡所可疑者不得不疑，可信者不容不信，但當以義理爲之權度耳。

「或問楊龜山《易》有太極」章

「中」字非所以訓「極」字，而所謂太極者，常在天地萬物之中。只要人識得。若識得破時，中央之中與未發之中，無非太極之本然也。

「梁武帝問達磨」章

達磨以造寺寫經「並無功德」，宗杲以看經念佛爲「愚人」。來書謂：「其本意只是要人學他上一乘法，在彼教中高處走耳。」極看得破。然所謂「並無功德」及「愚人」等語，皆是真心實話，不知不覺從天理上發出來。僕是用表而出之，以警悟世之迷惑者耳。彼雖異端，天理如何泯滅得，但由之而不知，非過許也。

「元之大儒稱許魯齋」章

君臣之義，無所逃於天地間。魯齋生長元之土地，元君則其君也，况所遇者世祖，素知尊孔子，重儒文，其賢亦未易得，必欲守隱居不仕之節，恐非義理之正也。且魯齋之出，志在行道。當時儒者之道不廢，雖未必盡由魯齋，然開導從臾，魯齋不爲無力。一有不合，輒奉身而退，視榮利若將浼焉，聖門家法未之或失。此僕之所以有取於魯齋也。設使身非元民，君非世祖，則高論斷不容易。拙見如此，未知當否？請更詳之。

答林正郎貞孚 己亥秋

劉石竹憲副過家，專人送到手札及盛製兩編。開封細讀，志同聲應，如獲至寶。且聞侍奉吉慶，欣慰兼至。曩在仕途，雖未及親接，間獲見一二篇什，心固已奇之矣。比審居閒日久，造詣益深，藏器待時，尤用嘉歎。

僕進修不力，徒事空言，以管窺天，見則有限，何足重煩賢者之箋釋哉？適增愧耳。究觀高論，大抵天資明快，故得之不見其難；才思清通，故言之能暢厥旨。於鄙見雖或有合，而獨得之妙亦不苟同，講學固當如是。承欲加之切磋，顧學未成而耄已及，將何以少副愛與之盛心乎！勉摭舊聞，姑用塞責，不自知其可否也，幸相與訂之。凡大意相同者，皆不贅。

今士風日靡，異説瀾翻，非有卓然不惑之君子，其何能定？僕老矣，所望於賢者，益堅任重道遠之志，篤致深潛縝密之功，以振斯文，以式來學，將不止爲一世之士而已。山川間阻，良覿無由，倘不惜嗣音，尤爲至幸。

上卷首章

開卷數語，似乎用意過深。德字形字，驟難理會，想必有説也。

第四章

謂「體用動静，道心人心皆有之」，恐誤也。道心，性也，性爲體。人心，情也，情爲用。體常静，用常動，此自然之理，非有意於分别也。但觀《樂記》「人生而静」、「感物而動」二語，及伊川《顔子所好何學論》便是明證，無可疑者。看來此段却是未悉區區人心道心之説。拙《記》綱領只在此四字，請更詳之。

「應妍應媸」之説，固未當，「鏡明鏡昏」之喻，亦未盡。蓋道心常明，其本體然也。人心則有昏有明。凡發而當理，即是人心明處，發不當理却是昏處，不可道人心一味是昏也。

第五章

謂「佛氏别是一教，不當以吾儒之心性、倫理與之並言」，朋友間亦嘗有此説。殊不知，鄙意正要將來與之並言，方見得是非分曉。不然則毫釐差處，無從辨别，終無以服其心而解其惑也。

第六章

「物各付物」，「一以貫之」，似説聖人分上事。宜更從天理上研究，方見得理一分殊，無非自然之妙也。各親其親，各長其長，便是各私其身之説，非自下學不誠者言也。

第七章

格物，既主朱子之説，又有取於陽明，何也？二説果可通用乎？

第十一章

「理氣」二字，拙《記》中言之頗詳，蓋誠有見其所以然者，非故與朱子異也。今高論所主如是，亦難乎其爲言矣。但「氣强理弱」之説，終未爲的，因復强綴數語，語在下卷第十九章。所疑「理散果何之」？似看鄙意未盡。《記》中但云「氣之聚便是聚之理，氣之散便是散之理。惟其有聚有散，是乃所謂理也」，並無「理散」之言。此處只争毫釐，便成二義，全要體認精密也。

第十四章

性之所以難言者，只爲理字難明，往往爲氣字之所妨碍耳。「天地之性」，「氣質之性」，宋諸君子始有此言。自知性者觀之，固可默識。在初學觀之，有能免於鶻突者幾希。何也？夫性，一而已矣。苟如張子所言「氣質之性，君子有弗性」，不幾於二之乎？此一性而兩名，僕所以疑其詞之未瑩也。若以理一分殊言性，較似分明，學者較易於體認，且於諸君子大意亦未嘗不合也。高論謂：「理一即本然之性，分殊即氣質之性，特異其言耳。」此言誠是。謂「一性兩名猶在」，則未然。只是一箇理字，何從更有兩名乎？况章末又申明其義云：「其分之殊，莫非自然之理。其理之一，常在分殊之中。」決不至鶻突人也。所舉三聖及群賢論性之言，中間儘有曲折，正宜講求歸一，而顧未之及。末後一段，雖詞意高遠，止是贊性之善，終未見有以盡諸説之異同也。

第十五章

非樂於細碎，但恐語焉而弗詳，此理終不明耳。善觀者從細碎處收拾來，自然打成一片。苟不善觀，無怪其惑也。

第十八章

足見用心，更得數語發揮其所明者，尤善。

第十九章、二十章

吾夫子贊《易》，千言萬語只是發明此理，始終未嘗及氣字，非遺之也，理即氣之理也。賢友往往將理氣二字並説，左顧右盼，惟恐有失，不亦勞乎！須求其所以然可也。拙《記》嘗再續，於「就氣認理」之説又頗有所發明，恐未及見，輒以一部奉寄，或可參看也。

第二十四章

「無物」只是不爲物所蔽，不以辭害意可也。

第二十五章

顔子喟然之歎，先儒嘗意其在「請事斯語」之後矣，此非大義所關，不必深泥。但看朱註「至明」、「至健」兩言，若非見得禮字分明，將何以致其決也。

第三十一章

「天地之大德曰生」，「生生之謂易」，性命之理不出乎此。「上下之察」，朱註明以化育爲言，可謂深得其旨矣。「造端乎夫婦」，蓋就人事之近而指言其本始。察乎天地，即此端之極致，不容復有兩端三端也。今謂「生化之源，乃其一端」，則造端二字，當别有所指矣，可得聞乎？

第三十五章

未發之中，程子所謂「亭亭當當，直上直下之正理」是也，見得到便信得及。以偏全，清濁爲説，失之遠矣。太極之義，《附録》中所答陸黄门書，亦有數語，可參看。拙《記》雖無次序，却有頭腦，前後都相貫穿，只要看得浹洽耳。

第四十章

「窮理所以格物」，似乎倒説了。

第五十三章

經界之法，古以均田，後世則以之均賦。中間曲折亦不盡同，然行之得人，爲利誠亦不少。

第六十四章

泉之源，不知亦有濁否？即有之，將來比性不得。程子曰：「人生氣稟，理有善惡，然不是性中有此兩物相對而生。」其言至矣，第三句須着意理會。

第六十五章

《附録》中所答陸書，亦嘗論此一段，可參看，何如？高論雖詳，似乎未悉鄙意。僕所不能無少異於朱子者，只是「以上」二字，其他無不同也。

第七十九章

所謂「理氣二物，亦非判然爲二」，未免有遷就之意。既有强有弱，難説不是判然。夫朱子百世之師，豈容立異？顧其言論間有未歸一處，必須審求其是，乃爲善學朱子，而有益於持循踐履之實耳。且如《中庸章句》所解「天命之謂性」，是人物之性一而已矣。《孟子集註》所解「犬牛與人之性」，又不免於二之。有志於學者，但草草讀過可乎？大凡兩説之中，必有一説至當，果見得到，雖有從有違，自無害其爲尊信也，不審高見以爲何如？

下卷首章

愚之本意蓋謂，聖祖雖明二氏之學，而其所尊用以爲萬世無窮計者，惟吾儒之道而已。蓋誠有見乎二氏之學，不足以經世，不足爲有無，此其所以爲大聖人之見，而聖子神孫所當守爲家法者也。高論似未詳此曲折，反若有取於二氏然者，誠恐害事，切希改而正諸。

第二章

謂「《易》只爲卜筮而作」，鄙見終不能無疑。後儒之論，恐難盡廢也。

第四章

卦德、卦體、卦象、卦變，孔子以前此説有無不可知。《彖傳》則分明可見，非出於後儒之分析也。高論每到分析處多不甚取，似微有厭繁喜徑之意。朱子不曰「析之極其精而不亂，然後合之盡其大而無餘」乎？

第七章

以「後得主」爲句，當俟精於《易》者決之。

第十七章

兩性字微覺不同，前一「性」字當作「性之欲」看，後一「性」字却是本然之性。

第十八章

畢竟不識本然之性。

第十九章

此章之説未然。謂「造化樞紐」、「品物根柢」指本原處而言，亦過於遷就矣。豈有太極在本原處便能管攝，到得末流處遂不能管攝邪？是何道理？其以形體性情，君子小人，治亂禍福，證「氣强理弱」之説，皆未爲當。孟子曰：「莫之爲而爲者天也，莫之致而至者命也。」程子謂「此二言便是天理」。此乃超然之見，理氣更安得有罅縫耶？試精思之，一旦豁然，將有不知手之舞之，足之蹈之者矣。

第二十一章

「周子在程、朱之上」，恐未易言。二程所以有功於聖門，有功於後學者，第一是辨異端，别邪説，使聖道既晦而復明，學者不迷其所向，豈小補哉！不知周子緣何却欠此一節？且天地造化之妙，聖學體用之全，《易》中言之甚悉，《太極圖説》殆不能有所加也。推崇之過，聽者能無惑乎！

第二十四章

「經緯」之説是矣，然區區未嘗疑此二言。

第三十五章

此兩言既在所取，宜有定見。「不可爲一物，不可爲二物」，竊疑所見猶未定也。

第三十八章

伯子又云：「所以謂萬物一體者，皆有此理，只爲從那裏來。『生生之謂易』，生則一時生，皆完此理。人則能推，物則氣昏，推不得。不可道他物不與有也。」觀乎此言，可見記者初未嘗誤。此義理本原，精深至論，未可草草看過也。且高論既疑「物之偏，恐不能有」，何又云「人物之生，理同而形異」耶？煞要尋究。人物俱有知覺，而所知所覺者則不同，可見理一而分殊矣。

第四十一章

「今之禪學，有類清談。」誠哉是言也！殷監不遠，尚賴憂世之君子，相與救之於未然。

第四十二章

終以「盲廢」一言，似欠温厚，有以潤色之爲佳。

第四十四章

此章之言，似乎未甚經意，請更詳之。

第四十九章

可謂深知白沙者矣。論學術不得不嚴，論人才不容不公。使白沙見用於時，做出來必有精采。

第五十一章

《性書》中有《五行之生各一其性辨》，考究體認，煞用工夫，覺得朱子之言，不無窒礙。但渠於性命之理，終未能究見端的。若有的見，則於窒礙處，須有説以通之，必不爲理氣兩字所纏絆也。

第五十三章

此章之説，賢友至以「爲盜得法」相難，可謂直窮到底。據鄙見，爲盜得法，是一道也。此正當理會處，理會得透，方見斯道之大全。

第五十四章

《傳習録》中附載陸原静疑問，有云：「中也、寂也、公也，既以屬心之體，則良知是矣。今驗之於心，知無不良，而中、寂、大公實未有也。」又論照心、妄心謂：「妄與息何異？今假妄之照，以續至誠之無息，竊所未明。」以此見其儘會思索，若能再進一兩步，竊恐終難契合，未必不爲朱門之曹立之也。意盖以此望之，非賢友見疑，無由盡此曲折，益以見立言之未易也。

第五十五章

《格物通》近方見之，不意其侮聖言一至於此！

第五十七章

三百八十四爻，俱要看得箇道字分明，方是實學。且如《屯》之九五，居中得正而「大貞凶」。《豫》之九四，既不正又不中而「大有得」。食前方丈，豈容一口併吞之耶？

第六十章

謂「金針爲秘法而非心」，見之明矣。彼指金針爲心者，果不明耶？殆不誠矣。不明之過小，不誠之罪大。

第六十四章

既與孔氏異，恐不得爲聖人之徒矣！

第六十九章

畢竟消滅。前代姑未論，國初所見如周顛仙、張三丰者，今安在耶？

復南豐李經綸秀才己亥冬

地之相去殆千百里，兼素昧平生，忽厪專使貽書，殊莫詳所以。不幸適有長孫之戚，勉强披閲，乃知足下之有志於道也。來使繼出盛製一編，亦勉閲一過。才氣充溢，筆勢翩翩，開合迴旋，每極其意之所至，大要以崇正抑邪爲主，誠有志哉！

老病忘言久矣，方抱哀悰，又眩於高論，茫然不知所以爲答也。顧來書末簡有「指合玄微於談笑間」一言，殊覺傷易。道之精微，豈談笑間可盡乎？觀所用合字之意，盖已自信不疑，故繼以「天地間大快」之語。高論雖不爲無見，多涉安排，恐當尚有進步處也。又《讀書記》中論及考亭，有云：「見知至之先六事而昧乎！知不越於明新，物不出乎人己，則汎觀萬物之言碍。」又云：「致知之論，不根至善，窮高極廣，中材阻難。」此非老拙之所知也。切詳《大學章句》，其釋「至善」之義云「事理當然之極」，釋「格物」之義云「窮至事物之理，欲其極處無不到」。事物之理，即前所謂事理極處之極，即當然之極，非有二也。總論又云：「物格，知至，則知所止矣。意誠以下，則皆得所止之序也。」首尾渾融，絶無滲漏。足下無乃玩之未熟，而輕於立論乎！至誠，盡性，極於贊化育，參天地，不明萬物之理，安能贊天地之化育乎！萬物之理與人己之理，容有二乎？

至以「知言有愧」議考亭，尤恐獲罪於天下後世之君子。考亭嘗舉禪語以警學者云：「諸人知處，良遂總知。良遂知處，諸人不知。」真知考亭固難，然自知亦非易事，願足下慎之。損議論之有餘，務誠明之兩進，急於爲己，緩於攻人。足下所從事者，其或在此。以此奉酬雅意，不識可乎？惟加察焉，幸幸！

答湛甘泉大司馬 庚子秋

宦成志遂，身退名完，古今若此者能幾人！向聞解組榮歸，深用爲故人喜。老病不能出，擬專人奉候，久之未有來耗。邑中忽差人送至教札，始知嘗爲武夷之遊，暮宿澄江，侵晨遂發，追候不及，悵快可言！別楮誨諭諄諄，極感不外，第慚固陋，終未能釋所疑。僕素聞白沙先生人品甚高，抱負殊偉，言論脱洒，善開發人。間嘗與朋友言，「使白沙見用於時，做出來必有精采」。夫以私心之所歆慕如此，安肯肆情妄議，以眩夫人之觀聽耶！其以禪學爲疑，誠有據也。蓋白沙之言，有曰「夫道至無而動，至近而神」，又曰「致虚所以立本也」。執事從而發明之，曰：「至無，無欲也。至近，近思也。神者，天之理也。」凡此數言，亦既大書而深刻之，固將垂諸百世，以昭示江門之教，玆非可據之實乎？《易大傳》曰：「一陰一陽之謂道。」又曰：「陰陽不測之謂神。」程明道先生曰：「上天之載，無聲無臭。其體則謂之易，其理則謂之道，其用則謂之神。」聖賢之訓，深切著明如此，今乃認不測之神以爲天理，則所謂道者果何物耶？其於《大傳》與明道之言殊不合矣！《中庸》曰「中也者，天下之大本也」，又曰「致中和」。明道先生曰：「中者，天下之大本。天地間亭亭當當，直上直下之正理，出則不是，惟敬而無失最盡。」是則致中乃所以立本也，敬而無失乃所以致中也。今謂「致虚所以立本」，其於《中庸》與明道之言又不合矣。中字，虚字，義甚相遠，潛心體認亦自分明。虚無津涯，中有定止。譬之於秤，中其定盤星也。分斤分兩，皆原於是，是之謂本。把捉得定，萬無一失，是之謂立。若乃無星之秤，雖勞心把捉，將何所據以權物之輕重乎？此理殆不難見也。夫「隨處體認天理」一言，孰云非是？顧其所認以爲天理者，未見其爲真切也，僕安得而不疑乎？禪學始於西僧達磨，其言曰：「淨智妙圓，體自空寂。」千般作弄，不出此八字而已。妙圓之義，非神而何？寂空之義，非虚而何？「全虚圓不測之神」，又非白沙之所嘗道者乎？執事雖以爲非禪，吾恐天下後世之人，未必信也。

且吾聖人之格言大訓，布在方册，皦如日月，浩若江河，苟能心領而神會之，信手拈來，無非至理。今觀白沙之所舉示，曰「無學無覺」，曰「莫杖莫喝」，曰「金針」，曰「衣鉢」，曰「迸出面目來」，大抵皆禪語也。豈以聖經爲未足，須藉此以補之耶？先儒有言：「佛、老之害，甚於楊、墨。」孟子於楊、墨之淫辭，直欲放而絶之，所以閑先聖之道者，其嚴如此。白沙顧獨喜禪語，每琅琅然爲門弟子誦之，得無與孟子異乎？欲人之不見疑，其亦難矣。

來書謂：「以白沙爲禪者，皆起於江右前輩。」僕亦江右人也，執事豈意其習聞鄉評，遂從而附和之耶？何椒丘、張古城、胡敬齋固皆出於江右，若李文正公乃楚人，而生長於京師，謝方石、章楓山則皆越人，亦皆以禪學稱白沙，何也？夫名依實而立者也，苟無其實，人安得而名之？諸君子多善白沙，而名其學如此，亦必有所據矣，執事盍反而求之？所辨《居業録》中兩條，拙《記》中頗嘗論及。今又增入「夜氣」之説，反覆研究，終是不同。蓋夜氣之所息，其用力處，全在旦晝之所爲，不在静中也。

僕與執事相知垂四十年，出處差池，無緣一會。往年嘗辱惠問，亟以書報，兼叩所疑，竟未蒙回答。今皆踰七望八，而僕之衰憊特甚，舊業益荒，忽枉誨言，❶喜踰望外。使於此稍有嫌忌，而不傾竭所懷，則於故人愛與之至情，不爲無負矣。是以忘其固陋而悉陳之，固知逆耳之言異於遜志，然與人爲善，實君子之盛節也。如曰未然，更希申諭。若夫「理氣合一」之論，未審疑之者爲誰？自僕觀之，

❶「枉」，原作「柱」，據咸豐四年吴榮祖刻本改。

似猶多一合字，其大意正與鄙見相同，無可疑者。知僕之無疑於此，則前此所疑或者未爲過乎？兩詩詞意俱超，諷誦無斁，第陽春白雪，難於奉和耳。不宣。

湛甘泉原書原本有誤字落字

水又頓首言。人多言整菴公指白沙先師爲禪。水謂白沙先生非禪也。第一指教之初，便以《孟子》「必有事焉而勿正，心勿忘，勿助長」爲標的，又以明道「學者先識仁」一段，末亦以《孟子》此段爲存之之法。及水自思，得以書稟問。天理二字，最爲切要。明道云：「吾學雖有所受，然天理二字却是自家體貼出來。」李延平教人「默坐澄心，體認天理」。水以爲「天理切須體認，日用間隨處體認天理，便合有得」。先師喜，而以書答水曰：「得某月日書來，甚好！讀之遂忘其所也。❶『日用間隨處體認天理』，着此一鞭，何患不到聖賢佳處也。」夫禪者以理爲障，先師以天理之學爲是，其不爲禪也明矣。

又將講之初，發歎曰：「三十年不講此學。」講畢，水進問云：「張東所係門下高弟，如何三十年不講？」先生答云：「此學非是容易講得，東所尋常來只説些高話，渠不曾問，某亦不語之。自林緝熙出仕去後，遂無人問，某亦不講矣。」後水歸羊城會東所，東所甚見喜，忽問曰：「白沙村有一古氏

❶「所」，原漫漶不清，據嘉靖本補。

婦人，如何？」水答曰：「聞只坐忘。」蓋此婦孀居，學佛静坐故也。東所摇首云：「不然，不然。三教本同一道。」水於言下即知，其未問白沙先生爲的也。嗣後遂往往與之辨論儒釋，彼不以爲然。白沙先生聞之，面語水曰：「東所是禪矣。但其人氣高，且莫攻之，恐渠不轉頭，無益也。」據此，則白沙先生之非禪又明矣。

以爲禪者，皆起於江右前輩。白沙先生自得之學，發於言論，不蹈陳言，遂疑是禪。胡敬軒《居業録》有二處：一以《答東白先生書》「藏而後發」之語爲禪，水辨之曰：「然則《中庸》『溥溥淵泉，而時出之』者，亦禪矣乎？」一以「静中養出端倪」之語爲禪，水辨之曰：「然則孟子『夜氣之所息』及『擴充四端』之説，亦禪矣乎？」蓋人之心，天理本體具存。梏之反覆，則亦若無有矣，實未嘗無也。夜氣養之，則本體端倪發見，「平旦之氣，好惡與人相近」者是也。見此端倪，遂從此涵養，擴充盛大，則天理流行矣，何以謂之禪？後世必有能辨之者。非慮後世人遂以白沙先生爲禪，足累白沙先生也，恐後世聖者復作，遂疑疑之者之未見也。

至於疑水以「理氣合一」之説，此説蓋自水發之，而具存於古訓也。孟子曰：「有物必有則。」物，其氣也；則，其理也。又曰：「形色，天性也。」形色，其氣也；天性，其理也。又曰：「其爲氣是集義所生者。」氣，其氣也；義，其理也。又前所舉「夜氣之所息」「平旦之氣，其好惡與人相近」者，平旦之氣，其氣也；好惡與人相近，理也。至於「手容恭，足容重」，手足，氣也；其恭重，理也。一一合觀之，理氣何嘗有二乎？

今水也與函丈皆老矣，故以既不得面請教，而以墨卿爲道。區區平昔之所欲言，三四十年之所積疑者，敢以附于起居之後，幸垂詳焉。悚息，悚息。謹啓。

與林次崖憲僉辛丑秋

頃承光顧，極感高誼。山鄉牢落，愧無以爲禮。匆匆就别，甚欲追送十數里，以少盡薄情，而筋力不逮，第深悵快而已。隨得《留别》及《留題中墅》高作三首，次日又得所與貴同年馬宗孔《辨書》。時一展玩，宛然故人之在目也，用此爲慰。

理氣之論，因拙疾艱於往復，未及究竟，此心缺然。執事理學素精，曾不以僕之衰朽空疎見棄。弗明弗措，正在今日，敢復有請，計不以爲瀆也。僕從來認理氣爲一物，故欲以「理一分殊」一言蔽之。執事謂「於理氣二字未見落着」，重煩開示謂「理一分殊，理與氣皆有之。以理言，則太極，理一也，健順五常，其分殊也。以氣言，則渾元一氣，理一也，五行萬物，其分殊也」。究觀高論，固是分明，但於本末精粗，殊未睹渾融之妙，其流之弊，將或失之支離。且天地間亦恐不容有兩箇理一，太極固無對也。執事又舉「形而上下」兩句，謂孔子嘗以理氣並言。僕以「只是一箇形字」奉答，亦未蒙開納。近細思之，此論最是精微，多言未必皆中，但當取證於聖賢之明訓爾。《易大傳》曰：「易有太極，是生兩儀，兩儀生四象，四象生八卦。」夫太極，形而上者也；兩儀、四象、八卦，形而下者也。聖人只是一直説下來，更不分别，可見理氣之不容分矣。《中庸》曰：「大哉，聖人之道！洋洋乎！發育萬物，峻極于天，優優大哉！禮儀三百，威儀三千。」夫發育萬物，乃造化之流行，三千三百之儀，乃人事之顯著者，皆所謂形而下者也。子思明以此爲聖人之道，則理氣之不容分又可見矣。明道程先生「只此是道」之語，僕已嘗表出，還有可爲證者一條，「形而上爲道，形而下爲器，須着如此說。器亦道，道亦器」是也。合此數說觀之，切恐理氣終難作二物看。據《大傳》數語，只消說一箇理一分殊，亦未爲不盡也。請再加參酌，求一定論，因風見教，至感。

《辯書》議論甚正，即其詞而味其旨，其淵源所自，非陽明即甘泉，高見固已先得之矣。僕與王、湛二子皆相知，蓋嘗深服其才，而不能不惜其學術之誤。其所以安於禪學者，只爲尋箇理字不着，偶見如來面目，便成富有，而其才辨又足以張大之，遂欲挾此以陵駕古今，殊不知只成就得一團私意而已。嘗見《傳習録》有云：「於事事物物上求至善，却是義外。至善是心之本體。」又云：「至善，即是此心純乎天理之極便是，更於事物上怎生求？」以此知陽明不曾尋見理字。又嘗見《雍語》有云：「天理只是吾心本體，豈可於事物上尋討？」以此知甘泉不曾尋見理字。二子平生最所尊信者，莫過於明道先生，其《遺書》具存，不知緣何都不照勘，乃爾相反？明道先生曰：「所以謂萬物一體者，皆有此理，只爲從那裏來。『生生之謂易』，生則一時生，皆完此理。人則能推，物則氣昏，推不得不可道他物不與有也。」又曰：「『萬物皆備于我』，不獨人爾，物皆然，都自這裏出去。只是物不能推，人則能推之。」詳味此言，便是各正性命之旨，便是格物第一義。二子都當面蹉過，謂之「尋箇理字不着」，可不信乎！抑程子止言物爾，未及於事？只如俗說「殺人償命，欠債還錢」，則事事皆有定理，亦自可見。

斯理也，在天在人，在事在物，蓋無往而不亭亭當當也，此其所以爲至善也。果然尋得着，見得真，就萬殊之中悟一致之妙，方知人與天地萬物原來一體，不是牽合。惟從事於克己，則大公之體以立，而順應之用以行，此聖門之實學也。若但求之於心，而於事物上通不理會，厭煩而喜徑，欲速而助長，則其回光反照之所得，自以爲千載不傳之秘者，圓覺固其第一義矣。儒書中僅有良知一語，大意略相似，陽明於是遂假之以爲重，而謂「良知即天理」。孟子何嘗指良知爲天理耶？是誣孟子也。

嘗閲《陽明文録》，偶摘出數處。凡用良知字者，如其所謂，輒以天理二字易之，讀之更不成説話。許多聰明豪爽之士，不知緣何都被他瞞過，可歎也夫！如《答陸元静》有云：「能戒慎恐懼者，是天理也。」《答顧東橋》有云：「所謂善惡之機，真妄之辯者，舍吾心之天理，亦將何以致其體察乎！」《答南元善》有云：「耳而非天理，則不能以聽矣。目而非天理，則不能以視矣。心而非天理，則不能以思與覺矣。」《答歐陽崇一》有云：「天理發用之思，自然明白簡易，天理亦自能知得。若是私意安排之思，自是紛紜勞擾，天理亦自會分别得。蓋思之是非邪正，天理無有不自知者。」《答魏師説》有云：「能知得意之是與非者，則謂之天理。」諸如此類，非徒手足盡露，誠亦肺肝難掩。曾不自考，顧乃誣孟子以就達磨，裂冠毁冕，拔本塞源，言之可爲痛恨！其自誤已矣，士之有志於學而終不免爲其所誤者，何可勝計？非有高明特立之君子，以身障其流而撲其焰，欲求斯道大明於世，其可得乎？

僕懷此有年，病卧空山，無可告語，兹因《辯書》所感發，不覺喋喋。同聲相應，亦自然之理也。距詖行，放淫辭，在吾次崖，何用多祝？惟冀推廣此意，俾後學皆知所向，而弗惑於他岐，斯道斯民，庶乎其有攸賴爾。三詩皆依韻奉答，别楮録呈，意淺詞凡，伏希覽正。

再答林正郎貞孚壬寅春

舍親歐陽銀臺及曾進士先後過家，連得教札，兼承道履佳勝，甚慰渴仰之私。所惠《續記箋》、《重箋》、福絹，俱奉領訖。珍感，珍感！往年附呈謬説，誠不自知其可否，姑藉此以爲受教之地。過蒙不鄙，一以高見決之，使得因其所明，益求其所未至，愛與之厚，莫或加焉。

細閲《重箋》，可否大約相半。其所可者，亦既歸于一矣。其所否者，在僕之愚，或猶未免滯於舊見，尚容子細推尋，以卒承君子之教。再三之瀆，今則有所未敢也。惟是第四章「道心」之説，第三十五章「未發之中」之説，實惟義理本原，聖學綱領，不容有毫髮差互，而彼此議論參差乃爾，欲求斯道之明，其可得乎！輙敢復效其愚，以求歸一之論，計亦在所欲聞而不厭也。

夫所謂道心者，果何自而有耶？盖人之生也，自其稟氣之初，陽施陰受，而此理即具。主宰一定，生意日滋，纏綿周匝，遂成形質。此上智、下愚之所同也。其名爲道心，其實即天理。彼未嘗學問者，雖不知天理爲何物，天理曷嘗有須臾之頃，不在其方寸中耶？盖無爲之宰，譬如形影之相隨，是以雖其昏擾之極，而至微之體自有不容離者。不然，則所謂「我欲仁，斯仁至矣」，是從何處來耶？善學者，固當默而識之矣。今詳高論，乃謂「常人滿腔子皆利欲之心」，是體固人心也，用亦人心也，夫何有於道？無乃見其末而遺其本乎？

若夫未發之中，僕嘗即道心驗之，其義一而已矣。苟明乎道心之説，則未發之中自可不言而喻，今猶未也，當就高論之所及者講之。高論有云：「常人未發之中，有則有之，决與聖人未發之中異。」此言誤矣。中爲天下之大本，大本即天命之性，果如高論，是天命之性有二矣。豈其然乎？蓋聖凡之所以分，繫於大本之立與不立，而所謂大本者，初未嘗有兩般也。高論又以「未發之中，人物皆有」之説爲疑，豈不聞「乾道變化，各正性命」，初無分於人物耶？未發之中，性命之實體也，何獨歸之於人，而疑物之不能有耶？固知中和本指，只就人身而言，然吾人講學，須是見得此理通乎天人物我而無間，方盡《中庸》一書之義，方可進於萬物一體之仁。不然，則「鳶飛魚躍」，於人有何干涉？子思纔一拈出，程子便指爲「喫緊爲人處」耶？斯義也，拙《記》中言之頗詳，且嘗取證於明道先生之言，以見其非臆説。執事亦既聞之矣，倘不終以「過高」、「自是」見疑，而特加之意焉，幸甚，幸甚！若此論未能歸一，其他合處雖多，終是無頭腦學問，終非完全之物。誤蒙愛與，不敢不盡其愚，友道當然，無嫌可避也。

至若造端之説所以不同，蓋僕常玩味此章，似乎只是發明道體，不曾説到做工夫處，故於造端二字，只就生化上立説。高論「自君子之道，法乎天地」以下，却是修道工夫。《或問》中亦有此意，但求之子思本旨，似乎不甚合耳。然二説各是一義，殆不相妨，非如道心及未發之中，斷不容不歸于一説也。

答林次崖僉憲壬寅冬

鄉親劉司訓處人回，送到手書，甚慰饑渴。書詞泉涌，所以開發愚陋者，殆無遺論，真可謂「切切偲偲」者矣。感佩，感佩！

僕雖不敏，然從事於程、朱之學也，蓋亦有年，反覆參詳，彼此交盡。其認理氣爲一物，蓋有得乎明道先生之言，非臆決也。明道嘗曰：「形而上爲道，形而下爲器，須着如此說。器亦道，道亦器。」又曰：「陰陽亦形而下者，而曰道者，惟此語截得上下最分明。原來只此是道，要在人默而識之也。」竊詳其意，蓋以「上天之載無聲無臭」，不説箇形而上下，則此理無自而明，非溺於空虛，即膠於形器，故曰「須着如此説」。名雖有道器之別，然實非二物，故曰「器亦道，道亦器」也。至於「原來只此是道」一語，則理氣渾然，更無罅縫，雖欲二之，自不容於二之，正欲學者就形而下者之中，悟形而上者之妙，二之則不是也。前書雖嘗舉此二條，只是帶過説，今特推明其意，以見其説之無可疑。惟是默識心通，則有未易言者耳。

凡執事之所爲説，率本諸晦翁先生，僕平日皆曾講究來，亦頗有得。謂「是理不離乎氣，亦不雜乎氣」，乃其説之最精者，但質之明道之言，似乎欠合。説來説去，未免時有窒礙也。姑借來書「父子慈孝」一語明之。夫父之慈，子之孝，猶水之寒，火之熱也。謂慈之理不離乎父，孝之理不離乎子，已覺微有罅縫矣。謂慈之理不雜乎父，孝之理不雜乎子，其可通乎？抑尤有可疑者，曰「以氣言之」則如何如何，「以理言之」則如何如何，道器判然，殆不相屬。然則性命之理，果何自而明哉？良由將理氣作二物看，是以或分或合，而終不能定于一也。然晦翁《辨蘇黄門老子解》又嘗以爲一物，亦自有兩説矣，請更詳之。

細閲來書，於明道之言看得似別。蓋其意本歸于一，高論乃從而二之。於子思之言，看得又別。以「發育萬物」、「禮儀三百，威儀三千」爲「道之所生」，不是就把此當道。如此是器外有道矣，是子思語下而遺上矣。豈其然乎？然則謂「子思去了『太極生兩儀』一段，只就天地上説起，乃是箇無頭腦學問」，未論誣與不誣，只恐子思子復起，不肯承認。抑未聞天地之外，別有所謂太極也。豈其急於立論，而偶未及致詳耶？

書末所云：「如不用格物、致知之功，而徒守理一分殊之説，切恐秖爲無星之稱，無寸之尺，非可與議精義入神之妙也。」此言却甚當，近時學術多是如此。區區拙學，於鳶魚花竹亦嘗用心理會，頗見其所以然者，而况於仁敬孝慈之類人道大倫，安敢忽也！然分之殊者易見，而理之一也難明。且如《乾》之「亢龍」，《坤》之「龍戰」，其爲凶惡，不待言矣，而至精之理，未嘗不在。執事以爲然乎否？子必於此等處，皆灼見其所謂一者，方可謂之「精義入神」，不然，雖毫分縷析，猶爲徒博也。

歲中多病，酬答甚艱，而諄諄之誨不可以虚辱，力疾布此，大意粗白，愧不能詳也。倘猶有疑，更希嗣教。不宣。

答林次崖第二書甲辰夏

鄉親劉長教過家，得四月望日書，再承理氣之教，慰感兼至。書詞累幅，遇警策處，老目輒爲之增明。然究其指歸，總是「不離不雜」之説。僕前書頗嘗推言其窒礙處，不意如水之投石也。人心道心，只是一箇心。道心以體言，人心以用言，體用原不相離，如何分得？性命，理也，非氣無緣各正。太和，氣也，非理安能保合？亦自不容分也。「集義所生，配義與道」是教人養氣之方，及養成之效，若論道體只是箇浩然之氣，更從何處尋覓道義乎？今欲援此等以證理氣之爲二物，未見其爲精切也。執事之學誠博，然亦不須多引，且説「乾，元亨利貞」一句，將以爲理乎？將以爲氣乎？區區拙見，已具前書，更不欲泛引瀆陳，誠恐枝葉愈繁而本根終蔽。前書嘗就明道先生「元來只此是道」一語，推明其意，以爲正欲學者就形而下者之粗，悟形而上者之妙，二之則不是也。言雖約而意已盡，義亦甚明。竊謂明道復起，亦必有取於斯言，而來教乃以爲「錯看」。偶記明道先生又嘗有言曰：「灑掃應對，便是形而上者。」《中庸》又直指君臣、父子、夫婦、昆弟、朋友爲天下之達道。以此觀之，不曾錯也。參之高論，乃於「是道」之下添着「之所在」三字。明道立言，不應缺少，却恐是錯。

又蒙見難「萬物之多，三百、三千之儀，從何處鑽出來？」謂僕「錯看了聖人立言之旨」。敢問高論以「萬物皆生於道」，道果在何處存站？存站處明白，鑽出來亦明白矣。程子釋「逝者如斯」之義云：「此道體也。天運而不已，日往則月來，寒往則暑來，水流而不息，物生而不窮，皆與道爲體。」果如高論，程子得無錯乎？且此章章首六句，明是一頭兩股，註所謂「極於至大」，「入於至小」，解得亦自分明。高論乃云：「子思明曰『大哉，聖人之道！洋洋乎！發育萬物』。」將兩句一直説下來，便截斷了。只要遷就己意，更不問子思是如何立言。及説到三百、三千之儀，失了頭腦，却去牽扯「中也者，天下之大本」一句，將來安插在上。講學似此，果何益乎？

且吾二人之學，皆宗朱子者也。執事守其説甚固，必是無疑。僕偶有所疑，務求歸于至一，以無媿乎尊信之實。道理自當如此，未可謂之「横生議論」也。盖朱子嘗有言曰：「氣質之性，即太極全體墮在氣質之中。」又曰：「理只是泊在氣上。」僕之所疑，莫甚於此。理果是何形狀，而可以「墮」、以「泊」言之乎？「不離不雜」，無非此意，但詞有精粗之不同耳。只緣平日將理氣作二物看，所以不覺説出此等話來。曉歲自言「覺得於上面猶隔一膜」，亦既明有所指，此正後學之所宜致察也。高論以「陰陽是道之所在」與「泊在氣上」之言，有何差别？但不曾明用「泊」字耳，非習矣而不察之過歟？

格物之義，凡高論所及，皆學者之所習聞，但於「豁然貫通」處，不知何故略不拈及？程子曰：「學而無覺，則亦何以學爲哉！」此事全在覺悟，不然雖格盡天下之物，内外終成兩片，終不能無惑也。僕言「理一分殊最盡」，只是説道體。又嘗言「所貴乎格物者，正欲即其分之殊，而有見乎理之一」，方是説下學工夫。舉「分殊」，則事物不待言矣，説「正欲」，便是教學者於分殊上體認。果能灼見此理之一，精粗隱顯，上下四方，一齊穿透，尚安有毫髮之不盡乎？此則所謂物格而知至也。僕雖不敏，曷嘗「徒守理一分殊之説」，但徧觀自古聖賢論學，未有專事於博而不歸諸約者，故常以反説約爲主。執事才拈着一句，更不推尋上下文意，輒譬之「水上打棍」，「水底摸針」。斯言也，無乃傷於易乎！抑其中或有所不快乎！

「摸針」，「横議」，「錯看」，乃來書三大節目，不得無言，此外更不容强聒。子貢問友，子曰：「忠告而善道之，不可則止。」幸遇同志之友而未覩其同歸，甚爲可惜，然聖訓不敢不遵也。惟心照，幸甚！

「《儒藏》精華編選刊」選目

經　部

周易鄭注
漢魏二十一家易注
周易注
周易正義
周易口義（與《洪範口義》合册）*
温公易説（與《司馬氏書儀》
《孝經注解》《家範》合册）
漢上易傳
誠齋先生易傳
易學啓蒙
周易本義
楊氏易傳
易學啓蒙通釋
周易本義附録纂注
周易啓蒙翼傳
易纂言
周易本義通釋
易經蒙引
周易述
周易述補（江藩）（與李林松
《周易述補》合册）
周易述補（李林松）
易漢學
御纂周易折中
周易虞氏義
雕菰樓易學
周易集解纂疏
周易姚氏學
尚書正義
鄭氏古文尚書
洪範口義
書傳（與《書疑》《尚書表注》合册）
書疑
尚書表注
書纂言
尚書全解（全二册）
尚書要義

讀書叢説
書傳大全（全二册）
古文尚書攷（與《九經古義》合册）
尚書集注音疏（全二册）
尚書後案
毛詩注疏
詩本義
吕氏家塾讀詩記
慈湖詩傳
詩經世本古義（全四册）
毛詩稽古編
毛詩説
毛詩後箋（全二册）
詩毛氏傳疏（全三册）
詩三家義集疏（全三册）
儀禮注疏

儀禮集釋（全二册）
儀禮圖
儀禮鄭註句讀
儀禮章句
儀禮正義（全六册）
禮記正義
禮記集説（衛湜）
禮記集説（陳澔）（全二册）
禮記集解
禮書
五禮通考
禮經釋例
禮經學
司馬氏書儀
春秋左傳正義
左氏傳説

左氏傳續説
左傳杜解補正
春秋左氏傳賈服注輯述
春秋左氏傳舊注疏證（全四册）
春秋左傳讀（全二册）
公羊義疏
春秋穀梁傳注疏
春秋集傳纂例
春秋權衡（與《七經小傳》合册）
春秋集注
春秋經解
春秋胡氏傳
春秋尊王發微（與《孫明復先生小集》合册）
春秋本義
春秋集傳

春秋集傳大全（全三册）
孝經注解
孝經大全
白虎通德論
七經小傳
九經古義
經典釋文
群經平議（全二册）
新學僞經考
論語集解（正平版）
論語義疏
論語注疏
論語全解
論語學案
孟子注疏
孟子正義（全二册）

四書集編（全二册）
四書纂疏（全三册）
四書集註大全（全三册）
四書蒙引（全二册）
四書近指
四書訓義
四書賸言
四書改錯
四書説
廣雅疏證（全三册）
説文解字注

史部

逸周書
國語正義（全二册）
貞觀政要

歷代名臣奏議
御選明臣奏議（全二册）
孔子編年
孟子編年
陳文節公年譜
慈湖先生年譜
宋名臣言行録
伊洛淵源録
道命録
考亭淵源録
道南源委
聖學宗傳
元儒考略
理學宗傳
明儒學案
宋元學案

四先生年譜
洛學編
儒林宗派
程子年譜
學統
伊洛淵源續録
豫章先賢九家年譜
閩中理學淵源考（全三册）
清儒學案
經義考
文史通義

子　部

孔子家語（與《曾子注释》合册）
曾子注釋
孔叢子
新書
鹽鐵論
新序
説苑
太玄經
論衡
昌言
傅子
大學衍義
大學衍義補
朱子語類
龜山先生語録
胡子知言（與《五峰集》合册）
木鐘集
西山先生真文忠公讀書記
性理大全書（全四册）
居業録
困知記
思辨録輯要
家範
小學集註
曾文正公家訓
勸學篇
仁學
習學記言序目
日知録集釋（全三册）

集　部

蔡中郎集
李文公集
孫明復先生小集
直講李先生文集

歐陽脩全集
伊川擊壤集
元公周先生濂溪集
張載全集
温國文正公文集
公是集（全二册）
游定夫先生集
和靖尹先生文集
豫章羅先生文集
梁溪先生文集
斐然集（全二册）
五峰集
文定集
渭南文集
誠齋集（全四册）
晦庵先生朱文公文集

東萊吕太史集
止齋先生文集
攻媿先生文集
象山先生全集（全二册）
陳亮集（全二册）
絜齋集
文山先生文集
勉齋先生黄文肅公文集
北溪先生大全文集（全二册）
西山先生真文忠公文集
鶴山先生大全文集
閑閑老人滏水文集
郝文忠公陵川文集
仁山金先生文集
静修劉先生文集
雲峰胡先生文集

許白雲先生文集
吴文正集（全三册）
道園學古録　道園遺稿
師山先生文集
曹月川先生遺書
康齋先生文集
敬齋集
涇野先生文集（全三册）
重鐫心齋王先生全集
雙江聶先生文集
歐陽南野先生文集（全二册）
念菴羅先生文集（全二册）
正學堂稿
敬和堂集
涇皋藏稿
馮少墟集

高子遺書
劉蕺山先生集（全二册）
霜紅龕集
南雷文定
桴亭先生文集
西河文集（全六册）
曝書亭集
三魚堂文集外集
紀文達公遺集
考槃集文録
復初齋文集
述學
揅經室集（全三册）
劉禮部集
籀廎述林
左盦集

出土文獻

郭店楚墓竹簡十二種校釋
上海博物館藏楚竹書十九種校釋（全二册）
秦漢簡帛木牘十種校釋
武威漢簡儀禮校釋

*合册及分册信息僅限已出版文獻。